GOLDMANN

W0199501

In der Reihe Goldmann Farbige Ratgeber
sind bisher folgende Bände erschienen:

Ganz ohne Fleisch. Gesund mit vegetarischer Küche (10250)
Stricken. Die neue Strickschule (10251)
Pasta-Buch. Die schönsten Nudelgerichte (10252)
Backen. Kuchen, Torten und Gebäck (10253)
Schöne Strickmodelle.
Jacken, Pullunder, Westen und Pullis (10254)
Diät. Schlank, gesund, schön (10255)
Naturapotheke. Rezepte von Mutter Natur (10256)
Balkon, Terrasse, Blumenkästen (10258)
Einmachen. Süßes und Pikantes aus Obst und Gemüse (10259)
Der Intensivgarten. Hoher Ertrag auf kleinstem Raum (10261)
Mein Kräuterbuch. Für Küche und Gesundheit (10262)
Häkeln. Die neue Häkelschule mit vielen Anregungen (10263)
Biologischer Nutzgarten.
Giftfreier Anbau von Obst und Gemüse (10264)
Wasser im Garten. Das Feuchtbiotop – Anlage und Pflege (10265)
Das Gemüsekochbuch. Von Artischocke bis Zucchini (10266)
Das Kartoffel-Kochbuch.
Rezeptideen für Suppen, Vorspeisen und Hauptgerichte (10268)
Das Lamm-Kochbuch.
Die besten Rezepte der internationalen Küche (10270)
Das Fisch-Kochbuch. Von Aal bis Zander (10271)
Das Auflaufbuch. Rezepte – mal süß, mal pikant (10272)
Cocktails und Drinks.
Köstliche Rezepte mit und ohne Alkohol (10273)
Der Naturgarten (10275)
Der Steingarten (10276)
Der kleine Garten (10277)
Der Wintergarten (10278)
Das Honigbuch (10279)
Gesund durch Ballaststoffe (10280)
Richtig salzen. Gesund und schlank mit Salz (10281)

Hermine Fink

DAS SCHOKOLADEN BUCH

Mit
freundlicher Empfehlung
Ihr
Nattermann-Mitarbeiter

GOLDMANN VERLAG

Originalausgabe
Layout: Sebastian Strohmaier

Bildquellen:
Ceres-Verlag Rudolf August Oetker KG: Seite 8, 10, 15, 17, 22, 24, 63, 71
Schwartauer Werke GmbH & Co: Seite 18, 19, 21, 27, 38, 42, 49, 57, 65
Alle anderen Abbildungen: Orbis Verlag, München

Sonderauflage

Made in Germany · 12/87 · 1. Auflage
© 1987 by Wilhelm Goldmann Verlag, München
Umschlaggestaltung: Design Team München
Umschlagfoto: Guido Pretzel, München
Satz: Filmsatz Schröter GmbH, München
Druck: Appl, Wemding
Verlagsnummer: 10283
Lektorat: Ulrike Kloepfer
Herstellung: Sebastian Strohmaier
ISBN 3-442-10283-9

Inhalt

Schokolade wärmt das Herz

Schokolade – das Wort allein zergeht einem schon auf der Zunge. Und doch scheiden sich an der Schokolade die Geister. Von den einen verteufelt, von den anderen heiß geliebt, das ist ihr Schicksal in unserer Zeit. Dabei ist es mit der Schokolade wie mit so vielen anderen Dingen im Leben – auf die Menge und auf den richtigen Umgang mit ihnen kommt es an. Mütter, Großmütter, Tanten haben ihre liebe Not mit den Kindern und der Schokolade, und jeder von uns kennt wohl aus eigener Erfahrung den plötzlichen Heißhunger auf Süßes – auf Schokolade.

Stürzen Sie in solchen Fällen nicht gleich in den nächsten Laden – entdecken Sie mit mir die Lust am Selbermachen der duftenden Schokoladenfreuden. In Dosen und Gläsern wohl verwahrt helfen sie über manchen Schokoladen-Anfall hinweg, und eine sehr menschliche Eigenschaft bewahrt Sie außerdem davor, zuviel davon zu essen: Mit selbsterarbeiteten Köstlichkeiten ist man immer ein wenig geizig, von den sorgfältig gehüteten Weihnachtsplätzchen bis zu den liebevoll gepflegten Blumen im Garten. Und auch die Kinder lernen schnell, daß in Großmutters Konfektdose Raritäten versammelt sind.

Verwöhnen Sie Ihre Gäste mit Schokoladentorten, Ihre Familie mit leckeren Schokoladendesserts, backen Sie zum 5-Uhr-Tee erlesenes Schokoladengebäck; die Rezepte in diesem Buch helfen Ihnen. Wenn Sie dazu noch ein paar gute Ratschläge beherzigen, kann gar nichts mehr schiefgehen:

Alkohol immer erst dann zugeben, wenn die Substanz abgekühlt – aber noch nicht ganz kalt ist. Für Kinder den Alkohol weglassen, die Flüssigkeitsmenge durch leckere Säfte ersetzen.

Die angegebenen **Backzeiten** und Gradeinstellungen sind Grenzwerte. Erfahrungsgemäß backen nicht alle Herde gleich, bei heiklen Backvorgängen oder kurzen Backzeiten sollten Sie Ihren Herd vorher testen.

Für **Glasuren** die Schokolade langsam schmelzen und nicht heiß werden

lassen. Während des Erhitzens und des Abkühlens ständig rühren. Wenn Schokoladenglasuren zu stumpf geraten, sind sie meistens zu heiß geschmolzen und zu wenig gerührt worden. Sollte Ihnen das passieren, lassen Sie die erste Glasur sehr kalt werden, und gießen Sie dann eine dünne Schicht neue, richtig zubereitete Glasur darüber.
Eine besonders dicke Glasur auf Konfekt erhalten Sie, wenn Sie die Schokolade in Schichten auftragen: Die erste Schicht völlig erkalten lassen, dann nochmal eintauchen, und diesen Vorgang so oft wiederholen, bis die gewünschte Dicke der Schokoladenhülle erreicht ist. Diese Methode empfiehlt sich besonders bei Weinbrandkirschen und kandierten Früchten.
Konfekt oder Früchte zum Eintauchen auf Zahnstocher spießen und zum Trocknen auf Styroporplatten stecken. Auf weichen Tortenböden wird die Glasur glatter, wenn Sie vorher eine dünne Schicht Konfitüre aufstreichen und leicht antrocknen lassen.
Schokolade (in jeder Form) immer möglichst kühl verarbeiten – natürlich mit Ausnahme des Schmelzens. Besonders in der heißen Jahreszeit ist es manchmal schwierig, daß die Schokolade während der Verarbeitung nicht schmilzt. Kühlen Sie sie zwischendurch immer wieder im Kühlschrank, aber bitte das Zudecken nicht vergessen. Lassen Sie Schokoladenkonfekt und Schokolade nie unnötig lange im Kühlschrank: Sie wird blaß, wenn sie friert. Schokolade sollte man tunlichst nicht in der elektrischen Mühle zerkleinern, sie lädt sich sehr stark auf, fliegt in der ganzen Maschine herum und ist kaum mehr einzufangen. Die gute alte Handreibe ist immer noch am besten, und für Schokoladenspäne aus Kuvertüre eignet sich auch ein Kartoffelschäler sehr gut.
Einen kleinen **Vorrat** Ihrer Schokoladen-Schöpfungen bewahren Sie am besten im Vorratskeller oder in einer kühlen Speisekammer auf, in Dosen, Gläsern oder mit Folie gut verschlossen.
Je besser Ihre **Zutaten**, umso besser auch alles, was Sie daraus zaubern. Das gilt für Schokolade ebenso wie für Kakao, Alkohol usw.
Wenn Sie bei den Zutaten variieren wollen, achten Sie bitte darauf, daß die Mengenangaben eingehalten werden. Tortenböden und Kuchen (außer Rouladen und sehr dünne Böden) vertragen es gut, wenn Sie zum Beispiel weißes Mehl mit Weizenvollkornmehl vermischen.
Wenn Sie anstelle des Rohrzuckers **Fruchtzucker** verwenden wollen, sollten Sie etwas weniger nehmen als angegeben. Fruchtzucker süßt stärker und entwickelt etwas mehr Flüssigkeit, er eignet sich also für Konfekt nicht besonders gut.

Marzipan-Krokant-Torte (Rezept S. 13)

Wiener Schokoladentorte

Bei unseren Rezepten mit Fruchtzucker sind die Mengen geprüft, sie brauchen nicht mehr verringert zu werden.
Noch etwas: Der schöne Brauch, ein Gastgeschenk mitzubringen, ist noch nicht ausgestorben. In Zukunft brauchen Sie sich nicht mehr den Kopf zu zerbrechen über das »Was nur!«: Unser kleines Schokoladenbuch birgt viele Möglichkeiten für ganz persönliche Mitbringsel, verpackt in einen Blumenstrauß (Rezept S. 56), in eine Tüte mit lustiger Aufschrift, in eine der wunderschönen Schachteln, die es zu kaufen gibt, oder in eine Schokoladenschale (Rezept S. 66). Sogar eine Torte bekommt zu ganz besonderem Anlaß ein Gala-Kleid (Abbildung siehe oben, Rezept S. 16).
Lassen Sie Ihre Fantasie spielen – und der Spaß am Zubereiten gesellt sich zur Lust am Probieren.

Torten

Kirsch-Schokoladen-Torte

Für den Boden:
100 g Butter oder Margarine
100 g Zucker
1 Päckchen Vanillinzucker
2 Eier
Salz
150 g Mehl
1 ½ gestr. TL Backpulver
15 g Kakao
3 EL kalte Milch
Für den Belag:
750 g entsteinte Sauerkirschen
75 g Zucker
40 g Speisestärke
25 g Zucker
3 EL Kirschwasser
½ l Sahne
1 Päckchen Vanillinzucker
1 TL Zucker
2 Päckchen Sahnesteif
75 g Zartbitterschokolade

Die Butter sahnig rühren, Zucker, Vanillinzucker, Eier und eine Prise Salz zugeben und zu einer schaumigen Masse verrühren.
Nach und nach das mit dem Backpulver und dem Kakao vermischte Mehl abwechselnd mit der Milch unterrühren.
Den Teig in eine gefettete Form füllen und bei 175–200 °C ca. 25 Minuten backen.
Von den entsteinten Kirschen 16 beiseite legen. Den Rest mit dem Zucker vermengen, etwas Saft ziehen lassen, kurz aufkochen, abtropfen (Saft auffangen) und abkühlen lassen. Die Speisestärke mit etwas kaltem Saft anrühren, den restlichen Saft zum Kochen bringen und die Stärke einrühren. Kurz aufkochen lassen, die Kirschen und den Zucker zufügen, nochmals aufkochen und dann abkühlen lassen. Das Kirschwasser in die noch warmen Kirschen einrühren.
Die gut gekühlte Sahne ½ Minute schlagen, Vanillinzucker, Zucker und Sahnesteif mischen und einstreuen, dann die Sahne sehr steif schlagen und kaltstellen. Die Schokolade im

Kirsch-Schokoladen-Torte

Wasserbad schmelzen und glattrühren.
Die Kirschen gleichmäßig auf dem abgekühlten Tortenboden verteilen. ⅓ der Sahne in einen Spritzbeutel füllen. Die restliche Sahne mit der Schokolade vermischen und gleichmäßig über die Kirschen streichen.
Mit dem Spritzbeutel ein helles Sahnemuster auf die Torte spritzen und mit den zurückbehaltenen Kirschen oder Walnüssen garnieren.

Schokoladen-Sahne-Torte

Für den Teig:
2 Eier
warmes Wasser
100 g Zucker
1 Päckchen Vanillinzucker
75 g Mehl
50 g Speisestärke
1 gestr. TL Backpulver
Für die Glasur:
100 g Schokolade
20 g Kokosfett
Für die Füllung:
¾ l Sahne
100 g Puderzucker
1 Päckchen Vanillinzucker
2 Päckchen Sahnesteif
30 g Kakao
Kakao und geraspelte Schokolade zum Verzieren

Die Eier trennen. Eigelb, 2–3 EL warmes Wasser, ⅔ des Zuckers und den Vanillinzucker schaumig schlagen. Das Eiweiß steifschlagen, dabei nach und nach den restlichen Zucker einarbeiten. Den Schnee auf die Eigelbcreme gleiten lassen. Mehl, Speisestärke und Backpulver vermischen, darübersieben und einen lockeren Teig bereiten (nicht rühren). Eine Tortenform mit Backpapier auslegen, den Teig gleichmäßig einfüllen und bei 175–200 °C ca. 20–30 Minuten backen. Den Tortenboden gut auskühlen lassen und im oberen Drittel durchschneiden.
Schokolade und Kokosfett im Wasserbad zu einer geschmeidigen Creme verrühren und den dünneren Tortenboden gleichmäßig damit überziehen. Wenn die Glasur so weit erstarrt ist, daß man sie gut schneiden kann, 12 Tortenstücke schneiden und kaltstellen.
Die Sahne kurz schlagen, Puderzucker, Vanillinzucker und Sahnesteif mischen und einstreuen, dann die Sahne sehr steif schlagen. 3 EL davon in einen Spritzbeutel füllen, den Rest mit dem Kakao vermischen. ⅔ dieser Schoko-Sahne auf den Tortenboden streichen, die 12 Tortenstücke darauflegen und leicht andrücken. Mit der restlichen Sahne den Tortenrand verkleiden und mit Kakao bestreuen. Die Oberfläche der Torte am Rand mit dem Spritzbeutel verzieren und in die Mitte Schokoladenspäne häufeln.

Marzipan-Krokant-Torte

4 Eier
100 g Marzipanrohmasse
125 g Zucker
1 Päckchen Vanillinzucker
Salz
1 Messerspitze gemahlenen Zimt
100 g Mehl
2 gestr. TL Backpulver
80 g Krokant
50 g zerlassene Butter oder Margarine
100 g Zartbitterschokolade
½ l Sahne

Die Eier trennen. Eigelb und Marzipan cremig schlagen, nach und nach 50 g Zucker, Vanillinzucker, Zimt und eine Prise Salz zugeben und alles zu einer geschmeidigen Masse rühren. Das Eiweiß mit dem restlichen Zukker steifschlagen und auf die Eigelbmasse gleiten lassen. Mehl und Backpulver vermischen, darübersieben und vorsichtig unterziehen. Nicht rühren. Butter und Krokant ebenfalls ohne zu rühren untermischen.
Eine Springform mit Backpapier auslegen, den Teig einfüllen, glattstreichen und bei 175–200 °C ca. 25–35 Minuten backen.
Die Schokolade im Wasserbad glattrühren, abkühlen lassen. Die Sahne ca. ½ Minute schlagen, Sahnesteif zugeben und steifschlagen. Zuletzt die Schokolade unterschlagen.
Den erkalteten Tortenboden einmal durchschneiden, mit einem Teil der Sahne füllen, mit dem Rest der Sahne die Torte rundherum bestreichen und den Rand mit Schokoladeflöckchen bestreuen.
Die Torte mit etwas Sahne und Schokoladeplätzchen verzieren. Sehr hübsch wird die Torte, wenn Sie sie mit Blumen und Blättern aus dunkler Schokolade verzieren.

Prinzregententorte

Für den Teig:
250 g Butter oder Margarine
250 g Zucker
1 Päckchen Vanillinzucker
Salz
4 Eier, 200 g Mehl
50 g Speisestärke
1 gestr. TL Backpulver
Für die Füllung:
1 Päckchen Schokoladen-Puddingpulver
100 g Zucker
½ l Milch
250 g Butter
Für die Glasur:
100 g Schokolade, 20 g Kokosfett

Die Butter cremig rühren, Zucker, Vanillinzucker, eine Prise Salz langsam unterrühren, bis eine gebundene Masse entstanden ist. Nach und nach die Eier einrühren. Mehl, Speisestärke und Backpulver mischen, darübersieben und alles zu einem glatten Teig verarbeiten.
Aus dem Teig 7 Böden herstellen: Jeweils 2 EL des Teiges auf einen mit Backpapier ausgelegten Springformboden sehr gleichmäßig verstreichen und ohne Springformring hellbraun backen. Dazu den Backofen unbedingt vorheizen und je nach Beschaffenheit des Herdes auf 175–200 °C einstellen. Den ersten Boden beobachten und dann die Zeit für die anderen auf einem Wecker einstellen. Die Böden jeweils sofort nach dem Backen vom Blech nehmen und das Papier abziehen.
Aus den angegebenen Zutaten (100 g Zucker!) nach Vorschrift auf dem Puddingpulverpäckchen einen Pudding bereiten, kaltstellen und regelmäßig umrühren, damit sich keine

Prinzregententorte

Haut bildet. Die Butter cremig rühren und sofort löffelweise in den nicht zu kalten Pudding einrühren.
Sechs Böden mit der Buttercreme bestreichen, aufeinandersetzen, mit dem siebten Boden die Torte abdekken.

Schokolade und Kokosfett im Wasserbad glattrühren und die Torte damit überziehen.
Sie können auch etwas von der Creme zurückbehalten, die Torte damit verzieren und mit Schokoladenplätzchen garnieren.

Pralinentorte

200 g Butter
200 g Zucker
1 Päckchen Vanillinzucker
4 Eier
1 Fläschchen Rum-Aroma
200 g Mehl
20 g Kakao
2 gestr. TL Backpulver
1 Päckchen Tortencreme-Pudding mit Vanillegeschmack
300 ml Milch
200 g Butter
2 EL Weinbrand
100 g Schokolade
50 g geraspelte Schokolade
16 Pralinen

Die Butter schaumig rühren, die übrigen Zutaten der Reihe nach einarbeiten. Den Teig in eine gefettete Springform füllen, gleichmäßig verteilen und bei 175–200 °C ca. 40 Minuten backen. Abkühlen lassen und einmal durchschneiden.
Die Tortencreme nach Vorschrift auf der Packung zubereiten, die Butter zerlassen und abgekühlt löffelweise in den noch warmen Pudding einrühren, den Weinbrand dazugeben. Die Schokolade im Wasserbad erwärmen, glattrühren und mit der Buttercreme vermengen. Mit der Hälfte der Creme die Torte füllen. Einen Teil der übrigen Creme in einen Spritzbeutel füllen, mit dem Rest Oberseite und Rand der Torte bestreichen und den Rand mit geraspelter Schokolade bestreuen.
Die Torte mit dem Spritzbeutel verzieren und mit Pralinen belegen. Für jedes Stück Torte eine Praline.

Wiener Schokoladentorte

Für den Teig:
8 Eier, 250 g Zartbitterschokolade
250 g weiche Butter, 150 g Zucker
250 g gemahlene, nicht geschälte Mandelkerne
100 g Löffelbiskuitbrösel
2 gestr. TL Backpulver
Für die Glasur:
3 EL Aprikosenmarmelade
1 Gläschen Sherry
100 g Zartbitterschokolade
20 g Kokosfett
ca. 50 g gehobelte Schokolade

5 Eier trennen. Die Schokolade im Wasserbad auflösen. Die Butter geschmeidig rühren und beides gut miteinander verrühren. Die Hälfte des Zuckers, das Eigelb und die verbliebenen 3 ganzen Eier unterrühren. Mandeln, Biskuitbrösel und Backpulver mischen und löffelweise zugeben. Das Eiweiß steifschlagen, dabei nach und nach den restlichen Zucker einrieseln lassen und den Eischnee vorsichtig unter den Teig heben.
Den Teig in eine gefettete Springform füllen, glattstreichen und bei 150–175 °C ca. 70 Minuten backen.
Die Aprikosenmarmelade etwas anwärmen, mit dem Sherry verrühren und auf dem abgekühlten Tortenbo-

Pralinentorte

den einschließlich Rand gleichmäßig verstreichen.
Schokolade und Kokosfett im Wasserbad geschmeidig rühren und die Torte damit überziehen. Auf die Mitte der noch feuchten Tortenoberfläche gehobelte Schokolade streuen.

Nougat-Torte

Für den Teig:
200 g Butter oder Margarine
1 Btl. Schwartau Citro-back
200 g Zucker

Nougat-Torte

4 Eier
1 Eiweiß
200 g Mehl
2 TL Backpulver
Für die Füllung:
2 Päckchen Schwartau Nußnougat
½ l Milch
1 Eigelb
50 g Speisestärke
50 g Zucker
125 g Butter oder Margarine
Schokoladen-Dekorblätter

Butter, Citro-back, Zucker, Eier, Eiweiß, Mehl und Backpulver zu einem glatten Teig verrühren und in 5 Portionen aufteilen.

Nacheinander auf einem gefetteten Ringformboden 5 Tortenböden bei 200 °C je 10 Minuten backen und erkalten lassen.

½ Päckchen Nougatmasse erwärmen, auf einen Tortenboden streichen und erstarren lassen. Die Nougatmasse darf unregelmäßige Strukturen haben, das paßt besser zum unverkleideten Rand dieser Torte.

Eigelb, Speisestärke und Zucker in etwas kalter Milch verrühren, die restliche Milch zum Kochen bringen, Speisestärke zugießen und alles kurz aufkochen lassen.

Die restliche Nougatmasse in den heißen Pudding einrühren, abkühlen

lassen, dann nach und nach die Butter zugeben und eine schaumige Creme schlagen.
Die vier Tortenplatten mit der Creme bestreichen und übereinander legen.
Ein wenig Creme für die Verzierung zurückbehalten. Zum Schluß die mit Nougat bestrichene Platte drauflegen, mit Creme-Röschen aus dem Spritzbeutel und Schokoladen-Dekorblättern verzieren. Die Torte einige Stunden in den Kühlschrank stellen. Gut abdecken, damit sie keinen Geruch annimmt.

Mousse-au-chocolat-Torte

Für den Boden:
6 Eier
125 g Zucker
100 g gemahlene Haselnüsse
1 Btl. Back-Kakao
Für die Creme:
3 Becher Sahne à 200 g
150 g halbbittere Kuvertüre
3 Btl. Sahnesteif
1 Likörglas Nußlikör
100 g Orangenmarmelade
Raspelschokolade
Dekor-Schoko-Borke
evtl. Zuckerblümchen

Die Eier trennen. Eigelb mit Zucker schaumig rühren, Nüsse, Kakao und steifgeschlagenes Eiweiß unterziehen. In einer mit Backpapier ausgelegten Springform bei 180 °C ca. 50

Mousse-au-chocolat-Torte

Minuten backen. Die Torte ganz auskühlen lassen. Die Sahne aufkochen, die Kuvertüre darin schmelzen, abkühlen lassen und anschließend in den Kühlschrank stellen. Die kalte Schoko-Sahne noch einmal cremig rühren und mit Sahnesteif sehr steif schlagen. Den Tortenboden mit Likör beträufeln, die Marmelade etwas erwärmen und darüberstreichen. Die sehr kalte Schokoladensahne darauf verteilen und glattstreichen. Mit Raspelschokolade und Schoko-Borke verzieren. Wenn's nicht ganz so edel sein soll – ein paar bunte Zuckerblümchen auf der Torte stimmen heiter.

Herrentorte

6 Eier
2 EL warmes Wasser
175 g Zucker
1 Päckchen Vanillinzucker
100 g Mehl
2 Btl. Schokoladen-Puddingpulver
50 g Back-Kakao
2 gestr. TL Backpulver
150 g zerlassene Butter
2 Btl. Rum-back von Schwartau
100 g Nußnougat
300 g Vollmilch-Kuvertüre
1 Päckchen Zuckerschrift von Schwartau

Eigelb mit Wasser schaumig schlagen, nach und nach ⅔ des Zuckers und den Vanillinzucker zugeben und alles zu einer cremigen Masse schlagen. Eiweiß schaumig schlagen, den restlichen Zucker einrieseln lassen, steifschlagen und den Eischnee auf die Eigelbmasse gleiten lassen.
Mehl, Puddingpulver, Kakao und Backpulver vermischen, sieben und mit dem Schneebesen vorsichtig unterziehen. Dabei die zerlassene, abgekühlte Butter langsam zugeben. Den Teig in eine mit Backpapier ausgelegte Springform füllen und bei 175–200 °C ca. 35–40 Minuten backen.
Nach dem völligen Erkalten den Tortenboden einmal durchschneiden, den Boden mit Rum-back tränken, mit weichem Nußnougat bestreichen und die Torte zusammensetzen. Die Kuvertüre nach Vorschrift auf der Packung bereiten und die Torte damit überziehen.
Die Herrentorte mit Zuckerschrift verzieren.

Pariser Schokoladentorte

Für den Teig:
4 Eier
4 EL kaltes Wasser
200 g Zucker
80 g Mehl
80 g Speisestärke
1½ Doppelbtl. Schwartau Back-Kakao
1 Btl. Orange-back
Für die Creme:
½ l Sahne
200 g bittere Schokolade
200 g Vollmilchschokolade
1 Doppelbtl. Rum-back
1 Doppelbtl. Rum-back oder 2 EL Likör
1 Btl. Back-Kakao
100 g Schokoladen-Streusel
Schokoladen-Dekorblätter

Die Eier trennen. Eiweiß und Wasser sehr steif schlagen, Zucker einrieseln lassen und das Eigelb leicht unterziehen. Mehl und Speisestärke, Back-Kakao und Orange-back vermischen und unter die Masse heben. Alles in eine nur am Boden gefettete Springform füllen, bei 175–200 °C 50 Minu-

Mit Zuckerschrift verändert die Herrentorte jedesmal ihr Aussehen

Für Dich

Trüffel-Torte

ten backen. Auf einem Kuchengitter gut abkühlen lassen.
Die Sahne erhitzen, die Schokolade darin auflösen, aufkochen und erkalten lassen. Rum-back zugeben und nochmal aufschlagen.

Den ausgekühlten Tortenboden zweimal durchschneiden, die Platten mit Rum-back oder Likör beträufeln, 2 Platten mit einem Teil der Creme bestreichen und die Torte wieder zusammensetzen.

Tortenoberfläche und -rand mit der restlichen Creme bestreichen und mit Kakao bestäuben. Den Rand der Tortenoberfläche und den Tortenrand mit Schokoladen-Streusel bestreuen und mit Schokoladen-Dekorblättern verzieren.

Trüffel-Torte

Für den Teig:
4 Eier
3–4 EL heißes Wasser (je nach Größe der Eier etwas mehr oder etwas weniger)
175 g Zucker
1 Päckchen Vanillinzucker
100 g Mehl
100 g Speisestärke
30 g Kakao
3 gestr. TL Backpulver
Für die Creme:
125 g Butter
150 g Puderzucker
100 g Kakao
1 Ei
1 Btl. Rum-Aroma
2 EL Wasser
1 Päckchen Vanillinzucker
Für die Glasur:
100 g Schokolade
20 Kokosfett
75 Schokoladenstreusel

Eier und Wasser schaumig schlagen, Zucker und Vanillinzucker zugeben und noch etwa 2 Minuten schlagen. Mehl, Speisestärke, Kakao und Backpulver mischen, löffelweise in die Eiercreme einrühren. Den Teig in eine mit Backpapier ausgelegte Springform füllen, sofort bei 175–200 °C 20–30 Minuten backen und den Tortenboden gut auskühlen lassen.
Butter geschmeidig rühren, Puderzucker und Kakao mischen, sieben und nach und nach mit dem Ei und dem Rum-Aroma in die Butter rühren. Von dieser Masse 16 TL voll in ein Schüsselchen geben und im Kühlschrank erkalten lassen. Den Rest der Creme mit 2 EL Wasser und dem Vanillinzucker verrühren.
Den Tortenboden zweimal durchschneiden, 2 Böden mit der Creme bestreichen und die Torte zusammensetzen.
Schokolade und Kokosfett im Wasserbad erwärmen, glattrühren, die Torte gleichmäßig damit überziehen. Auf dem noch warmen Guß den Rand der Torte mit Schokoladenstreuseln bestreuen. Aus der kalt gestellten Masse 16 Kugeln formen, diese in den Streuseln wälzen und im Kreis auf die Torte setzen.

Geburtstagsherz

Für den Teig:
75 g Butter, 100 g Zucker
1 Päckchen Vanillinzucker
2 Eier, 1 Prise Salz
125 g Mehl, 30 g Speisestärke
1 gestr. TL Backpulver
Für die Glasur:
100 g Schokolade, 20 g Kokosfett

Für die Füllung:
50 g Marzipan-Rohmasse
30 g gesiebten Puderzucker
1 EL Aprikosenkonfitüre
1 Päckchen Vanillin-Dessert
⅜ l Milch
150 g Butter
geraspelte Schokolade
Zuckerblumen

Die Butter geschmeidig rühren, der Reihe nach die übrigen Zutaten zugeben und einen glatten Teig bereiten. In eine gut eingefettete Herzform füllen und bei 175–200 °C etwa 30 Minuten backen.
Aus der Form stürzen, gut auskühlen lassen und zweimal durchschneiden.
Schokolade und Kokosfett im Wasserbad erwärmen, glattrühren und den oberen Boden damit bestreichen.
Marzipan und Puderzucker gut verkneten, ausrollen und ein Herz in der Größe der Torte ausschneiden.
Den mittleren Boden mit Konfitüre bestreichen, das Marzipanherz darauflegen und etwas andrücken.
Das Vanillin-Dessert nach Packungsvorschrift zubereiten. Die Butter geschmeidig rühren und eßlöffelweise in die Creme einarbeiten.
Etwas Creme für die Verzierung in einen Spritzbeutel füllen. ⅓ der restlichen Creme auf den unteren Boden streichen, das mit Marzipan belegte Herz darauflegen und ebenfalls mit ⅓ Creme bestreichen.

Geburtstagsherz

Den Herzrand mit dem letzten Drittel der Creme bestreichen und mit geraspelter Schokolade bestreuen. Jetzt erst das mit dem Guß bestrichene Herz daraufsetzen und evtl. helle Stellen am Rand mit geraspelter Schokolade abdecken. Die Herzoberfläche mit der Creme aus dem Spritzbeutel verzieren und zusätzlich mit Zuckerblumen und geraspelter Schokolade schmücken.

Schokoladen-Buttercreme-Torte

Für den Teig:
5 Eier
3–4 El heißes Wasser
150 g Zucker
1 Päckchen Vanillinzucker
1 Btl. Rum-back
100 g Vollmilch-Kuvertüre
½ Packung Schwartau Schokoladen-Tröpfchen
100 g gemahlene Mandeln
75 g Mehl
1 Btl. Schwartau Back-Kakao
2 gestr. TL Backpulver
Für die Creme:
1 Päckchen Schokoladenpudding
½ l Milch, 140 g Zucker
2 Eigelb, 250 g weiche Butter
1 Becher Sahne
1 TL Vanillinzucker
weiße Zuckerblümchen
1 Päckchen Gebäckschmuck von Schwartau

Die Eier trennen. Eigelb und Wasser schaumig schlagen, nach und nach ⅔ des Zuckers und den Vanillinzucker zugeben und solange schlagen, bis eine cremige Masse entstanden ist. Rum-back und die flüssige Kuvertüre unterrühren. Die Schokoladentröpfchen unterheben. Das Eiweiß mit dem restlichen Zucker steifschlagen, den Eischnee auf die Eigelbmasse geben, Mandeln darüberstreuen, Mehl, Back-Kakao und Backpulver mischen und darübersieben. Alles vorsichtig mit dem Schneebesen vermischen. Eine Springform mit Backpapier auskleiden, Teig einfüllen und glattstreichen. Bei 175–200 °C ca. 40–45 Minuten backen. Den Tortenboden etwas auskühlen lassen, aus der Form nehmen und das Papier abziehen. Nach dem vollständigen Erkalten zweimal durchschneiden. Mit etwas kalter Milch Puddingpulver, Zucker und Eigelb verrühren. Die restliche Milch zum Kochen bringen, die Puddingmasse hineingeben und unter Rühren aufkochen und – ebenfalls unter Rühren – erkalten lassen. Es darf sich keine Haut auf dem Pudding bilden. Die Butter schaumig rühren und eßlöffelweise in den Pudding einrühren. Die Buttercreme zum völligen Abkühlen zugedeckt in den Kühlschrank stellen. Mit der Hälfte der Creme 2 Tortenböden bestreichen, zusammensetzen und mit dem dritten abdecken. Mit dem Rest der Creme die Torte rundherum bestreichen.

Die Sahne sehr steif schlagen, mit Vanillinzucker süßen und in einen Spritzbeutel mit schmaler Sterntülle füllen. Gitter und Rand auf die Torte spritzen und die Schnittpunkte jeweils mit einer Zuckerblume verzieren. Je nach Lust und Laune den Rand der Torte mit Zuckerkügelchen schmücken.

Schwarzwälder-Kirsch-Törtchen

Für den Teig:
60 g Margarine
¼ l Wasser
120 g Mehl
4 Eier
1 Prise Salz, 1 El Zucker
Für die Füllung:
150 g Vollmilch-Kuvertüre
1 großes Glas Sauerkirschen
150 g Sauerkirschkonfitüre
400 ml Sahne
1 Päckchen Vanillinzucker
1 Päckchen Sahnesteif
50 g Raspel-Schokolade
12 Schokoladen-Dekorblätter von Schwartau

Fett und Wasser zum Kochen bringen, Mehl zugeben und unter Rühren zum Kloß abbrennen, bis der Teig gut zusammenhält. Etwas abkühlen lassen, mit Eiern, Salz und Zucker verrühren. Den Teig in einen Spritzbeutel mit breiter Tülle geben und auf ein mit Backpapier ausgelegtes Blech 12 etwa 10 cm lange Streifen spritzen. Im vorgeheizten Backofen bei 220 °C ca. 35 Minuten backen.

Schwarzwälder-Kirsch-Törtchen

Noch heiß mit einer Schere von den Streifen Deckel abschneiden und erkalten lassen.
Die Sauerkirschen zum Abtropfen in ein Sieb schütten.
Die Kuvertüre im Wasserbad schmelzen, die abgekühlten Deckel damit überziehen und trocknen lassen. Die unteren Gebäckhälften mit Konfitüre bestreichen, mit den gut abgetropften Kirschen füllen – die 12 schönsten beiseite legen.
Sahne mit Zucker und Sahnesteif sehr steif schlagen und mit dem Spritzbeutel auf die Kirschen verteilen. Leicht mit Raspel-Schokolade

bestreuen. Ein Ende der Törtchen mit Schokoladenblättern und Kirsche verzieren, vom anderen Ende her schräg den Deckel auflegen.

Waffel-Törtchen mit Schoko-Sahne

Für die Schoko-Sahne:
½ l Sahne
100 g Zartbitterschokolade
Für die Waffeln:
1 Packung Kuchenmischung Zitronenkuchen
150 g weiche Margarine
3 Eier
1 Becher (150 g) Crème fraîche
Glasurmischung aus der Packung

Die Sahne zum Kochen bringen, vom Feuer nehmen, die Schokolade in kleine Stücke brechen und in der Sahne auflösen. Die Schoko-Sahne mehrere Stunden kalt stellen (am besten über Nacht).
Aus der Kuchenmischung und den übrigen Zutaten nach der Packungsvorschrift einen Teig bereiten. Im Waffeleisen nicht zu dicke goldbraune Waffeln backen, auf einem Kuchenrost abkühlen lassen. Die gut gekühlte Schokoladensahne fast steif schlagen, ⅓ der Glasurmischung aus der Kuchenpackung zugeben und die Sahne sehr steif schlagen. Die Waffeln mit der restlichen Glasurmischung bestäuben und entweder einzeln mit Sahne verzieren oder gefüllte Waffeltorte machen.

Kuchen

Schokoladen-Käsekuchen

Für den Boden:
125 g Butter
150 g Zucker, 1 Ei
½ Päckchen Vanillinzucker
2 EL Schokoladenpulver
1 EL Nutella, Saft einer Zitrone
350 g Mehl
½ Päckchen Backpulver
Für den Belag:
750 g Quark
Saft einer Zitrone
4 Eier
200 g Zucker
25 g feinen Weizengrieß
½ Päckchen Vanillinzucker
evtl. Schokoladen-Gebäckverzierung

Butter, Zucker, Vanillinzucker und Ei schaumig rühren. Schokoladenpulver, Nutella und Zitronensaft nacheinander zugeben und jeweils kräftig verrühren. Das mit dem Backpulver vermischte Mehl darübersieben und einen festen Teig bereiten. Den Teig in eine gut eingefettete Springform drücken und einen kleinen Rand hochziehen.
Quark, Zucker, Vanillinzucker und Eigelb mit dem Elektroquirl glattrühren, nach und nach Zucker, Grieß und Vanillinzucker zugeben und eine feine Quarkmasse rühren. Das Eiweiß zu steifem Schnee schlagen und unterziehen. Die Creme auf dem Teig verteilen und sofort bei 175 °C ca. 60 Minuten backen. Der Käsekuchen soll hell bleiben, damit der Kontrast zum dunklen Boden erhalten bleibt. Mit Schokoladenblumen und -blättern verziert wirkt dieser Kuchen besonders apart.

Rotweinkuchen

250 g Butter
200 g Zucker
4 Eier
3 Päckchen Vanillinzucker
1 EL Zimt

1 EL Kakaopulver
150 g grobe Schokoladenstreusel
250 g Mehl
1 Päckchen Backpulver
⅛ l Rotwein
1 Packung halbbittere Kuvertüre

Butter und Zucker schaumig rühren, nach und nach die Eier, Vanillinzukker, Zimt, Kakao und Schokoladenstreusel dazugeben. Mehl und Backpulver vermischen, sieben und abwechselnd mit dem Rotwein einrühren.
Eine Kastenform mit Backpapier auslegen, den Teig locker einfüllen und bei 175 °C mindestens 1¼ (bis 1½) Stunden backen.
Nach dem Erkalten mit Schokoladenguß überziehen, evtl. mit Maraschinokirschen und Sahnetupfer verzieren.

Maria-Plön-Kuchen

(Eierlikör-Kuchen)

4 Eier
250 g Butter
180 g Zucker
1 Päckchen Vanillinzucker
1 große Tasse Eierlikör
100 g Schokoladenraspel
250 g Mehl
1 Päckchen Backpulver
1 Packung halbbittere Kuvertüre

Die Eier trennen. Butter und Zucker schaumig rühren, Eigelb, Vanillinzucker und Eierlikör darunterrühren. Die Schokoladenraspeln unterheben und nach und nach das mit dem Backpulver vermischte und gesiebte Mehl hineinarbeiten. Das steifgeschlagene Eiweiß unterheben. In eine mit Backpapier ausgelegte Kastenform füllen und bei 180–190 °C 1 Stunde backen. Nach dem Erkalten mit Kuvertüre glasieren.

Rehrücken

100 g Butter
150 g Zucker
4 Eier
100 g geriebene Schokolade
50 g Mehl
2 Päckchen Schokoladen-Puddingpulver
1½ gestr. TL Backpulver
evtl. 2 EL Milch
75 g abgezogene, gemahlene Mandeln
Schokoladenguß
1 Päckchen Mandelstifte

Butter geschmeidig rühren, Zucker und Eier nach und nach zugeben, schaumig rühren und die Schokolade unterheben. Mehl, Puddingpulver und Backpulver mischen, sieben und löffelweise in die Masse einrühren. Nur soviel Milch zugeben, daß ein fester Rührteig entsteht. Zum Schluß die Mandeln unter den Teig heben. In einer gefetteten Rehrükkenform bei 175–200 °C ca. 50–60 Minuten backen. Den erkalteten Ku-

Rehrücken

chen dick mit Schokoladenglasur bestreichen, leicht abkühlen lassen und mit den Mandelstiften spicken.

Biskuit-Igel

Für den Teig:
3 Eier
2 EL Arrak
1 Prise Salz
200 g Zucker
200 g Mehl
Für die Creme:
150 g Butter
3 Eigelb
6 EL Puderzucker
3 EL Kakao
Für die Dekoration:
1 Päckchen Mandelstifte
Schokoladenglasur

Eine Kinderfreude: der schokoladenüberzogene Biskuit-Igel

Verzierung für ein lustiges Igelgesicht

Die Eier trennen. Eigelb, Arrak, Salz und Zucker schaumig rühren. Eiweiß zu einem steifen Schnee schlagen und auf die Masse gleiten lassen. Das Mehl darübersieben und alles vorsichtig zu einem Teig vermischen. Nicht zu viel rühren! In einer gefetteten Igelform bei 180 °C 45 Minuten backen.
Wenn Sie nicht zu viele Kinder zu versorgen haben, ist eine Schar kleinerer Igel natürlich lustiger. Sie müssen dann aber die Backzeit entsprechend verringern.
Den oder die Igel erkalten lassen, zweimal durchschneiden und mit der Creme füllen: Die Butter schaumig rühren, Eigelb, Puderzucker und Kakao kräftig unterschlagen.
Igel mit Mandelstiften spicken und mit der Schokoladenglasur überziehen. Bei der Verzierung dürfen Sie sich ruhig kreativ betätigen, Kinder mögen auch Igel mit außergewöhnlichen Gesichtern.

Schokoladen-waffel-Kuchen

200 g zerkrümelte Schokoladenwaffeln
50 g gemahlene Mandeln
90 g geschmolzene Butter
200 g Zucker
abgeriebene Schale von 2 Orangen
100 g weiche Butter
5 Eier
2 EL Mehl
1 EL Speisestärke
½ Tasse frischer Orangensaft
100 g Edelbitter-Schokoladenraspeln
100 g Orangengelee-Schnitten
etwas geschlagene Sahne

Waffelbrösel, Mandeln und Butter vermengen, den Boden einer Springform mit Backpapier auslegen, Papier und Rand einfetten und den Teig mit einem 2 cm hohen Rand in die Form drücken. In den Gefrierschrank stellen.
Zucker und Orangenschale gut vermischen. Die Butter schaumig rühren, den Orangenzucker zugeben und die Eier einzeln unterrühren. Zum Schluß Mehl, Stärkemehl und Orangensaft zugeben. Die Mischung im Wasserbad cremig schlagen, in den vorbereiteten Waffelboden schütten, verstreichen und im vorgeheizten Backofen bei 175 °C ca. 30 Minuten backen, bis die Oberfläche fest ist. Aus dem Ofen nehmen und sofort die Schokoladenraspeln darüberstreuen; sie müssen gleichmäßig schmelzen. Evtl. mit einer Gabel verteilen. Den Kuchen gut auskühlen lassen, aus der Form und vom Papier lösen und mit Geleeschnitten und Sahne garnieren.

Karlsbader Dattelkuchen

1 Tafel Zartbitterschokolade
je nach Größe 8–12 Datteln
2 Karlsbader Oblaten
150 g geriebene Mandeln
Schokoladenglasur
Pistazien
kandierte Kirschen
evtl. Marzipanrohmasse

Die Schokolade im Wasserbad schmelzen lassen und glattrühren. Die Hälfte der Schokolade auf einer Oblate verteilen und die entkernten Datteln darauf anordnen. Die Zwischenräume mit den geriebenen Mandeln bestreuen und darüber die restliche Schokolade gießen. Mit der zweiten Oblate abdecken, die Torte leicht zusammendrücken und kaltstellen. Eine sehr dicke Schokoladenglasur, am besten aus Bitterschokolade, auf dem Kuchen verteilen und auch den Rand damit verschließen.
Mit Pistazien und kandierten Kirschen verzieren. Wenn Sie die Torte süßer mögen, formen Sie aus Marzipanrohmasse eine Verzierung und legen Sie sie auf die noch weiche Glasur.

Der Karlsbader Dattelkuchen von seiner Entstehung bis zur Vollendung

Schokoladen-Glacé

100 g Orangenkekse
5–6 EL Cointreau
4 Eier
400 g Sahne
3 geh. EL Zucker
½ Vanilleschote (Mark)
100 g bittere Schokolade

Die Orangenkekse mit 3–4 EL Likör tränken. Eier trennen. Sahne im Wasserbad erhitzen. Eigelb, Zucker und Vanillemark schaumig rühren und mit der heißen Sahne im Wasserbad zu einer dicken Creme aufschlagen, etwas abkühlen lassen. Eiweiß zu steifem Schnee schlagen und vorsichtig, aber gründlich unter die Creme ziehen.
Die Masse halbieren. Die Schokolade schmelzen lassen und mit dem restlichen Likör in die eine Hälfte rühren. Die helle und die dunkle Masse abwechselnd mit den Keksen schichtweise in eine Kastenform geben, mit Creme abschließen und gefrieren lassen. Kurz vor dem Servieren in Scheiben schneiden.

Gewürzkuchen

6 Eier
170 g Zucker
100 g Mehl
50 g Speisestärke
50 g Kakao

Gewürzkuchen

80 g gehackte Mandeln
2 Messersp. gemahlener Zimt
1 Messersp. gemahlene Nelken
Salz
2 EL Weinbrand
80 g Butter
Schokoladenglasur
Pistazien

Die Eier trennen. Eigelb mit der Hälfte des Zuckers schaumig rühren. Eiweiß steif schlagen und dabei den restlichen Zucker einrieseln lassen. Den Eischnee auf die Eigelbmasse gleiten lassen. Mehl, Speisestärke und Kakao mischen, sieben und mit Mandeln, Zimt, Nelken und einer Prise Salz ebenfalls in die Schüssel geben. Alles vorsichtig miteinander zu einem festen Rührteig vermengen und dabei den Weinbrand zugeben. Die Butter langsam schmelzen lassen und lauwarm unter den Teig ziehen. In einer gut gefetteten Kasten- oder Rehrückenform den Kuchen bei 200 °C ca. 55 Minuten backen. Nach dem Erkalten mit Schokoladenglasur bestreichen und über die noch weiche Glasur gehackte Pistazienkerne streuen.

Schokoladenkuchen »Potato«

3 mittelgroße Kartoffeln (ca. 200 g)
50 g Zartbitterschokolade
125 g Butter
100 g Zucker
1 Päckchen Vanillinzucker
Salz

Schokoladenkuchen »Potato«

½ TL gemahlener Zimt
1 Messersp. Ingwerpulver
75 g gemahlene Haselnüsse
150 g Mehl
1 TL Backpulver
ca. 4 EL Milch
1 Eiweiß
150 g Puderzucker, 3 EL Rum

Die Kartoffeln schälen und roh in eine Schüssel reiben. Kräftig in einem Tuch auspressen und darin beiseite legen (die Kartoffeln dürfen nicht dem Licht ausgesetzt sein, sie verfärben sich sonst schnell). Die Schokolade reiben und ebenfalls bereitstellen. Butter, Zucker, Vanillinzucker und eine Prise Salz schaumig rühren, die Gewürze zugeben und die Eier unterrühren. Nüsse, Mehl und Backpulver mischen und abwechselnd mit der Milch dazurühren. Die Milch knapp bemessen, weil die Kartoffeln auch noch Flüssigkeit abgeben. Kartoffeln und Schokolade zugeben, verrühren und den Teig in eine gut gefettete, mit etwas Mehl gestäubte Kastenform füllen. Bei 180 °C ca. 55 Minuten backen.
Das Eiweiß leicht schlagen, Puderzucker, Kakao und Rum zugeben, gut verrühren und auf den noch warmen Kuchen streichen.

Mohnkuchen

8 Eier
200 g Butter
150 g Zucker
1 Päckchen Vanillinzucker
200 g fein gemahlener Mohn
100 g Mehl
100 g Speisestärke
1 TL Backpulver
50 g geriebene Schokolade
Salz
150 g Zartbitterschokolade
150 g Puderzucker
25 g Butter

Die Eier trennen. Butter schaumig rühren, Zucker und Vanillinzucker zugeben und glattrühren. Nach und nach das Eigelb unterziehen, den

Mohnkuchen

Mohn einrühren, Mehl, Speisestärke und Backpulver mischen und abwechselnd mit der Schokolade ebenfalls einrühren.
Das Eiweiß unter Zugabe einer Prise Salz steifschlagen und unter den Teig ziehen.
Eine Springform mit Backpapier aus-

Schokoladenpavé

legen, den Teig einfüllen, glattstreichen und bei 200 °C ca. 60 Minuten backen.
Die Schokolade im Wasserbad schmelzen lassen, aus dem Wasserbad nehmen und Puderzucker und Butter in die Schokolade rühren. Mit dieser Glasur sofort den Kuchen rundherum bestreichen und erkalten lassen.

Schokoladen-Pavé

200 g Schwartau Halbbitter-Kuvertüre
100 g Butter
70 g Puderzucker
4 Eigelb
6 Päckchen Rum-back
175 ml Wasser
200 g Löffelbiskuit
1 Mango
1 Kiwi

Kuvertüre im Wasserbad schmelzen lassen.
Butter und Zucker cremig rühren, nach und nach das Eigelb zugeben und die geschmolzene Kuvertüre mit der Masse vermischen.
Wasser und Rum-back auf einer flachen Schale vermischen, ein Drittel der Löffelbiskuits kurz eintauchen und auf einer länglichen Platte nebeneinander auslegen. Ein Drittel der Schokoladenmasse auf die Biskuits verteilen.
Das zweite Drittel Biskuits wieder in die Rummischung tauchen, auf die erste Schicht legen und wieder mit Schokoladenmischung bestreichen. Mit dem letzten Drittel den Vorgang wiederholen, die oberste Schicht Schokoladenmischung rundum verstreichen und mit einer Gabel Muster eindrücken.
Das Pave im Kühlschrank zugedeckt etwa 3 Stunden erstarren lassen.
Mit Mango- und Kiwischeiben garnieren.

Schokoladen-Nuß-Kuchen

Für den Teig:
225 g Butter, 300 g Zucker
6 Eier, 225 g geriebene Haselnüsse
150 g geraspelte Blockschokolade
150 g Mehl
nicht ganz ein Päckchen Backpulver (1 TL weniger)
Für die Füllung:
300 g Aprikosenmarmelade
2–3 EL Marillenschnaps oder
Kirschwasser, Schokoladenglasur

Butter, Zucker und Eier schaumig rühren, Nüsse und Schokolade zugeben, Mehl und Backpulver mischen, darübersieben und schnell einen Teig bereiten. Nicht zu kräftig rühren, damit die Schokolade nicht zergeht. Den Kuchen in einer gebutterten Springform bei 180–200 °C ca. 45 Minuten backen. Nach dem Erkalten zweimal durchschneiden. Aprikosenmarmelade erwärmen, mit dem Alkohol verrühren und zwei Böden damit bestreichen. Kuchen zusammensetzen und dick mit Schokoladenglasur überziehen.

Gebäck

Gewürzplätzchen

200 g Honig
100 g Butter oder Margarine
125 g Zucker
2 Eier
20 g Back-Kakao
½ TL gemahlener Zimt
½ TL gemahlene Nelken
1 gestr. TL Ingwerpulver
2 Tropfen Bittermandelöl
375 g Mehl
1 Päckchen Backpulver
60 g kandierter Ingwer
50 g zartbittere Schokolade
50 g Korinthen
200 g Puderzucker
2–3 gestr. EL Kakaopulver
3–4 EL heißes Wasser

Honig, Butter und Zucker langsam erwärmen, unter Rühren zergehen und wieder erkalten lassen. Eier, Kakao und die Gewürze mit der Honigmasse verrühren. Mehl und Backpulver mischen, sieben und löffelweise einrühren. Den Ingwer in kleine Stücke schneiden, die Schokolade fein hacken und beides zusammen mit den Korinthen unter den Teig heben.
Den Teig etwa ½ cm dick auf ein gefettetes Backblech streichen und bei 175–200 °C ca. 25–30 Minuten backen. Nach dem Erkalten in Streifen und dann in Rechtecke oder Rauten schneiden.
Puderzucker und Kakao mischen, sieben und mit so viel heißem Wasser glattrühren, daß eine dickflüssige Masse entsteht. Die Plätzchen damit bestreichen und nach Belieben verzieren.

Schokostäbchen

1 Ei
1 Eigelb
125 g Zucker
1 Päckchen Vanillinzucker
1 Prise Salz
1 gestr. TL Instant-Kaffeepulver
60 g zartbittere Schokolade

200 g gemahlene Mandeln
1 Messerspitze Backpulver
1 Eiweiß
60 g Puderzucker

Ei, Eigelb, Zucker, Vanillinzucker, Salz und Kaffeepulver schaumig schlagen. Die Schokolade in Stücke brechen, im Wasserbad zergehen lassen und abgekühlt unter die schaumige Masse rühren. Mandeln und Backpulver einarbeiten. Eiweiß steif schlagen, Puderzucker sieben und nach und nach zugeben.
Den Teig zu einem Rechteck (12 × 40) ausrollen, gleichmäßig mit dem Eischnee bestreichen und daraus Stäbchen (6 × 1 cm) schneiden. Auf einem gefetteten Blech bei 175–200 °C 10–15 Minuten backen.

Schokoladenmakronen

3 Eiweiß
250 g feiner Zucker
1 Päckchen Vanillinzucker
125 g geraspelte zartbittere Schokolade
250 g gehackte, abgezogene Mandeln

Das Eiweiß sehr steif schlagen, löffelweise Zucker und Vanillinzucker zugeben. Schokolade und Mandeln vorsichtig unter den Eischnee heben. Mit dem Teelöffel Häufchen auf ein gefettetes Backblech setzen und bei 130–150 °C im vorgeheizten Ofen etwa 25 Minuten backen.

Geburtstagskrapfen

Für den Teig:
3 Eier
3 EL Wasser
150 g Zucker
1 TL Vanilleextrakt
100 g Mehl
100 g Stärkemehl
Salz

Schokoladenmakronen knabbern alle gern

Für die Füllung:
¼ l Sahne
1 EL Zucker
1 TL Vanilleextrakt
150 g Schwartau Halbbitter-Kuvertüre
1 Päckchen Schwartau Zuckerschrift

Die Eier trennen, Eigelb und Wasser schaumig rühren und den Zucker einschlagen, bis die Masse hell und cremig wird. Vanilleextrakt unterschlagen, den steifgeschlagenen Eischnee auf die Masse geben.
Mehl und Stärkemehl darübersieben und eine Prise Salz darüberstreuen. Alles vorsichtig miteinander vermischen.
Den Teig entweder in kleine Krapfenformen verteilen oder in einen Spritzbeutel füllen und auf ein mit Backpapier belegtes Blech 12 gleich große Häufchen spritzen. Im vorgeheizten Backofen bei 180 °C 12–15 Minuten backen.
Zum Abkühlen vom Backpapier nehmen. Nach dem Abkühlen von den Krapfen Deckel abschneiden und aushöhlen.
Die Sahne mit Zucker und Vanilleextrakt steif schlagen, die Krapfen damit füllen und die Deckel wieder aufsetzen. Mit Kuvertüre überziehen und kaltstellen. Auf die feste Glasur mit Zuckerschrift Haare und ein Gesicht aufspritzen oder das Gesicht mit Schwartau Gebäckverzierung gestalten.

Geburtstagskrapfen

Nougatstangen

225 g Butter
100 g gesiebter Puderzucker
1 Päckchen Vanillinzucker
3 Eigelb
2 Messersp. gemahlener Zimt
200 g Mehl
40 g Back-Kakao
1 gestr. TL Backpulver
125 g gemahlene, geröstete Haselnußkerne
100 g Nußnougatmasse
150 g Zartbitterschokolade
30 g Kokosfett

Butter geschmeidig rühren, nach und nach Puderzucker, Vanillinzucker, Eigelb und Zimt zugeben.
Mehl und Backpulver mischen, sieben und löffelweise unterrühren. Zum Schluß die Haselnüsse unterheben.
Den Teig in einen Spritzbeutel mit gezackter Tülle füllen, etwa 4 cm lange Streifen auf ein gefettetes Backblech spritzen und bei 175–200 °C 7–10 Minuten backen.
Die Nougatmasse leicht erwärmen und geschmeidig rühren. Die erkalteten Plätzchen auf der Unterseite damit bestreichen und zusammenkleben.
Gut andrücken und die Nougatfüllung erstarren lassen.
Schokolade und Kokosfett im Wasserbad schmelzen und gut verrühren. Die Stangenenden hineintauchen und auf Pergamentpapier trocknen lassen.

Schokoladen-Wespennester

150 g Mandelstifte
80 g Zucker
2 Eiweiß
80 g Schokolade
1 Päckchen Vanillinzucker

Mandelstifte und Zucker in einer kleinen Pfanne anrösten. Eiweiß steif schlagen. Schokolade im Wasserbad zergehen lassen. Erkaltete Mandeln, Schokolade, Eischnee und Vanillinzucker vermengen. Mit 2 Teelöffeln auf ein mit Backpapier ausgelegtes Blech setzen, einige Stunden trocknen lassen und bei schwacher Hitze backen. Die Wespennester müssen innen noch weich sein.

Ingwer-Schokoladen-Gebäck

125 g Butter oder Margarine
200 g Zucker
1 Päckchen Vanillinzucker
2 TL gemahlener Ingwer
4 Eier
250 g Mehl
1 gestr. TL Backpulver
250 g geraspelte Schokolade
200 g verlesene Rosinen
150 g halbbittere Kuvertüre
kandierte Kirschen

Butter schaumig rühren, nach und nach Zucker, Vanillinzucker, Ingwer und Eier unterrühren. Mehl und Backpulver mischen, sieben und abwechselnd mit den Schokoladenraspeln zugeben. Die Rosinen klein schneiden und unter den Teig heben. Den Teig ausrollen, Plätzchen ausstechen und auf einem gefetteten Backblech bei 175–200 °C 20–25 Minuten backen. Das erkaltete Gebäck mit Kuvertüre bestreichen. Mit Zitronat, Orangeat oder kandiertem Ingwer verzieren.

Erdnußplätzchen

200 g Mehl
1 Messersp. Backpulver
75 g Zucker
1 Päckchen Vanillinzucker
1 Prise Salz
1 Eigelb
125 g Butter oder Margarine
125 g gemahlene Erdnußkerne (ungesalzen)
125 g Marzipanrohmasse
30 g Zucker
30 g weiche Butter
1 Eiweiß
2–3 EL Rum
100 g Zartbitterschokolade

Mehl, Backpulver, Zucker, Vanillinzucker, Salz, Eigelb und Butter zu einem Knetteig verarbeiten und eine Weile kaltstellen. Erdnüsse, Marzipan, Zucker, Butter, Eiweiß und Rum zu einer geschmeidigen Masse verrühren.
Den Teig zu einem Rechteck (40 ×

Ingwer-Schokoladen-Gebäck

40 cm) ausrollen, die Erdnußmasse daraufstreichen.

Den Teig jeweils von der längeren Seite her aufrollen, die eine Seite knapp ⅔, die andere gut ⅓. Mit einem scharfen Messer gut 1 cm breite Streifen abschneiden, auf ein Backblech legen und bei 175–200 °C 20–25 Minuten backen.

Die Schokolade im Wasserbad auflösen und die erkalteten Teilchen auf der Unterseite damit bestreichen.

Walnußplätzchen

100 g Butter oder Margarine
100 g Zucker
1 Päckchen Vanillinzucker
4 EL Milch
200 g Mehl
1 gestr. TL Backpulver
50 g kleingeschnittene Blockschokolade
50 g gehackte Walnußkerne
100 g halbbittere Kuvertüre

Butter geschmeidig rühren, nach und nach Zucker, Vanillinzucker und Milch zugeben.
Mehl und Backpulver mischen, sieben und ⅔ davon löffelweise unterrühren.
Den Rest des Mehls mit Schokolade und Walnußkernen mischen und unterkneten.
Den Teig solange kalt stellen, bis sich mit der Hand kleine Kugeln formen lassen. Die Kugeln leicht flachdrükken und auf einem Backblech bei 175–200 °C etwa 10 Minuten backen.
Die Kuvertüre im Wasserbad glattrühren und die Plätzchen zur Hälfte eintauchen.

Busserl

2 Eiweiß
100 g feiner Zucker
1 gestr. EL Kakao
50 g feingeschnittene Zartbitterschokolade

Das Eiweiß sehr steif schlagen, ein Messerschnitt muß sichtbar bleiben. Nach und nach den Zucker unterschlagen. Kakao sieben und zusammen mit der Schokolade vorsichtig unterheben.
Mit 2 Teelöffeln Häufchen auf ein gefettetes Blech setzen und bei 130–150 °C im vorgeheizten Ofen 25–30 Minuten backen.

Schokoladenkipferl

250 g Mehl
1 Ei
125 g Zucker
abgeriebene Schale einer Zitrone
1 Prise Salz
150 g gemahlene Mandeln
50 g geriebene Zartbitterschokolade
175 g Butter
100 g dunkle Kuvertüre
1 Päckchen helle Schokoraspeln

Alle Zutaten zu einem festen Teig verarbeiten und diesen 45 Minuten im Kühlschrank ruhen lassen.
Auf einem bemehlten Backbrett mit bemehlten Fingern kleine etwa 1½ cm dicke Rollen formen, diese in 6 cm lange Stücke schneiden. Die Enden dieser Röllchen mit den Fingern spitz zulaufend rollen, Kipferl biegen und nicht zu nahe nebeneinander auf ein Backblech legen. Im vorgeheizten Ofen bei 200 °C 15 Minuten backen.
Kuvertüre schmelzen lassen, die aus-

Schokoladenkipferl

gekühlten Kipferl damit bestreichen, antrocknen lassen und mit Schokoraspeln bestreuen. Erst nach dem völligen Erstarren der Kuvertüre in einer gut verschlossenen Dose aufbewahren. Ergibt ca. 65 Stück.

Konfekt

Maraschino-Pralinen

150 g feine Marzipan-Rohmasse
100–125 g Puderzucker
3 EL Maraschino-Likör
150 g Vollmilch-Kuvertüre
3 EL helle Kuchenglasur
Zuckerperlen

Marzipan, Puderzucker und Likör zu einem festen Teig verarbeiten. Auf Puderzucker ca. 1 cm dick ausrollen und ausstechen. Im Kühlschrank erkalten lassen. Mit Kuvertüre überziehen, fest werden lassen und mit der hellen Glasur (mit Pergamenttülle) Streifen spritzen.
Mit Zuckerperlen verzieren.

Nougat-Röllchen

100 g feine Marzipanrohmasse
75 g Puderzucker
100 g Nußnougat
Halbbitter-Kuvertüre oder Schokoladenguß
Gebäckschmuck zum Verzieren

Marzipan-Rohmasse mit Puderzukker verkneten und ca. 2 mm dick ausrollen. Nougat in 5 mm dicke Streifen schneiden, der Länge nach auf das Marzipan legen und jeweils einmal in dieses einrollen. Die Rolle mit einem Messer vom übrigen Marzipan trennen und in ca. 3,5 cm lange Röllchen schneiden. In der gleichen Weise den Rest Marzipan und Nougat verarbeiten. Die Röllchen mit Schokolade überziehen und mit Gebäckschmuck verzieren.

Nuß-Nougat-Pralinen

150 g Nußnougat
200 g feine Marzipanrohmasse
1 EL gemahlene Haselnüsse

Gemischte Pralinen

Hagebuttenkugeln

3 EL Irish Cream Likör
100 g helle Kuchenglasur (Haselnußglasur)
3 EL Vollmilch-Kuvertüre
Gebäckschmuck zum Verzieren

Nougat, Marzipan, Haselnüsse und Likör zu einem Teig verkneten, eine ca. 2,5 cm dicke Rolle daraus formen und in den Kühlschrank stellen, damit sie schnittfest wird. Dann in 1 cm dicke Scheiben schneiden und mit der hellen Glasur überziehen. Auf die noch etwas weiche Glasur Gebäckschmuck setzen. Die Kuvertüre erwärmen, in eine Pergamenttülle füllen und auf die erstarrte helle Glasur um den Schmuck herum dunkle Ringe spritzen.

Hagebutten-kugeln

200 g gemahlene Mandeln
abgeriebene Schale einer Orange
2 EL Hagebuttenmarmelade
150 g Halbbitter-Kuvertüre
gemahlene Mandeln
Schokoladenstreusel oder bunte Zuckerstreusel

Mandeln, Orangenschale und Marmelade zu einem festen Teig verrühren und kleine Kugeln formen. Die Kugeln im Kühlschrank fest werden lassen, auf Zahnstocher spießen, in die flüssige Kuvertüre tauchen, auf Pergamentpapier oder Kuchengitter legen und noch feucht in den Mandeln oder Streuseln wälzen. Auf dem Kuchengitter fertig trocknen lassen und jede Kugel in ein Papier- oder Aluförmchen setzen.

Weinbrand-Bällchen

100 g Vollmilchschokolade
50 g Zartbitterschokolade
125 g Butter
125 g Puderzucker, 2 cl Weinbrand
3 EL Kakao
Kakao zum Formen

Weinbrand-Bällchen

Die Schokolade im Wasserbad schmelzen. Butter und Puderzucker in einer Schüssel schaumig rühren, löffelweise die Schokolade zugeben und zum Schluß Weinbrand und Kakao unterrühren. Den Teig zugedeckt 20 Minuten im Kühlschrank ruhen lassen.
Von der Masse mit einem Teelöffel kleine Häufchen abstechen, die Hände dick mit Kakao bestäuben und aus den Häufchen Bällchen formen, in Kakao wälzen und in helle Pralinenmanschetten setzen.

Knusprige Schokoladenhäufchen

200 g Fruchtzuckerschokolade
1 TL Kokosfett
2 Tassen Popcorn (ungesüßt und ungesalzen)

Kinderüberraschung: süße Wurst

100 g geröstete Sojabohnen oder Erdnüsse
50 g gehackte Haselnüsse
50 g gehackte Mandeln
1–2 TL Sesamsamen

Schokolade und Kokosfett im Wasserbad schmelzen lassen. Die übrigen Zutaten vermischen, die Schokolade darübergießen und unterrühren, so daß alle Zutaten gut mit Schokolade überzogen sind.
Mit einem Teelöffel kleine Häufchen auf ein leicht geöltes Blech setzen und trocknen lassen.

Schokoladenwurst

100 g Butter
250 g Zucker
2 Eier
300 g Butterkekse
100 g Kakao
2 EL Portwein

Butter, Zucker und Eier schaumig rühren. Die Kekse zerbröseln und mit dem Kakao und dem Portwein in die Schaummasse rühren, dann einen festen Teig kneten. Eine ca. 30 cm lange Rolle formen, in Alufolie wickeln und ca. 2 Stunden im Kühlschrank ruhen lassen.
Vor dem Servieren 1 cm dicke »Wurstscheiben« schneiden.
Etwaige Reste wieder in Alufolie wickeln und im Kühlschrank aufbewahren.

Schoko-Mandeln

100 g geriebene Fruchtzuckerschokolade
50 g gemahlene geschälte Mandeln
2 TL Honig
1 Eiweiß
Mark einer Vanillestange
100 g Mandelhälften

Schokolade, Mandeln, Honig und Vanillemark mischen und nur soviel Eiweiß zugeben, daß eine feste, formbare Masse entsteht.

Schokoladen- und Mandelkonfekt

Mandelgroße Ovale formen und zwischen zwei Mandelhälften pressen. Das Konfekt über Nacht trocknen lassen.

Schokoladenkonfekt

50 g Butter
2 Eigelb
100 g Puderzucker
20 g schwarzen Tee
¼ l Wasser
abgeriebene Schale einer halben Orange
300 g Blockschokolade
50 g Kakao

Butter, Eigelb und Puderzucker schaumig rühren. Schwarzen Tee bereiten, 5 Minuten ziehen lassen, abseihen und abgekühlt in die schaumige Masse einrühren. Orangenschale und die geschmolzene Blockschokolade zufügen.
Ein Backblech mit Alufolie auslegen, den Teig 1 cm dick darauf verstreichen und erstarren lassen. Dann in

Quadrate oder Rauten schneiden und in Kakao wälzen.
Ergibt ca. 40 Stück.

Mandelkonfekt

400 g Nougat
80 g Blockschokolade
250 g Mandelstifte
1 TL Rum

Nougat und Schokolade im Wasserbad auflösen. Mandelstifte und Rum einrühren.
Auf Alufolie oder Pergamentpapier mit einem Teelöffel kleine Häufchen setzen und erstarren lassen.
Ergibt ca. 40 Stück.

Kokosnuß-Bällchen

250 g Puderzucker
180 g Kokosraspeln
1 Päckchen Vanillinzucker
4 cl Rum
1 EL Rosenwasser
3 Tropfen Bittermandelöl
100 g bittere Schokoladenglasur

Puderzucker, Kokosraspeln, Vanillinzucker, Rum, Rosenwasser und Bittermandelöl in einer Schüssel zu einem Teig verkneten und im Kühlschrank kalt werden lassen.
Mit nassen Händen kleine Bällchen formen, auf Zahnstocher spießen

Kokosnuß-Bällchen

und in die flüssige Glasur tauchen. Trocknen lassen.
Ergibt ca. 40 Stück.

Schoko-Schneebälle

2 EL Kakao
2 EL Honig (fest und kalt)
1 TL weiche Butter
1 TL dicke Sahne
Mark einer halben Vanilleschote
½ Eiweiß
200 g gemahlene geschälte Mandeln

Kakao, Honig, Butter, Rahm und Vanillemark gut verrühren und kräftig schlagen, bis eine feste Masse entsteht.
Das Eiweiß und soviel Mandeln daruntermischen, daß man die Masse

gut formen kann. 3 EL Mandeln auf einem Teller beiseite stellen. Evtl. die Teigmasse im Kühlschrank fest werden lassen.
30 mirabellengroße Kugeln formen, in den restlichen gemahlenen Mandeln wälzen und auf ein gefettetes Backblech setzen. Bei 200 °C auf der mittleren Schiene ca. 12 Minuten backen. Nicht zu lange backen, die Kugeln sollen innen noch feucht sein.

Chocolate Fudge

Weiche Schoko-Karamellen

200 ml Milch oder Sahne
500 g Zucker
50 g Butter
200 g Blockschokolade
Mark einer Vanilleschote
100 g Kuvertüre
Kuvertüre zum Überziehen

Den Zucker in Milch oder Sahne in einem großen Topf (schäumt!) bei milder Hitze auflösen. Wenn der Zukker ganz gelöst ist, die Butter zugeben und schmelzen lassen.
Dann langsam aufkochen, bis die Masse so heiß ist, daß ein Tropfen davon in kaltem Wasser ein weiches Kügelchen bildet. Während des Kochens dauernd rühren und die Seiten des Topfes häufig mit kaltem Wasser bepinseln, damit sich keine Zuckerkristalle bilden.
Wenn die Masse die richtige Temperatur erreicht hat, vom Herd nehmen und im kalten Wasserbad kräftig schlagen, bis sie dick und cremig ist. Das Vanillemark und die inzwischen im Wasserbad geschmolzene und abgekühlte Schokolade schnell unterrühren (Creme und Schokolade sollten in etwa die gleiche Temperatur haben).
Nun sollte eine ziemlich feste Mischung entstanden sein. Diese Mischung in eine gut gefettete Kastenform pressen und abkühlen lassen. Aus der Form lösen und mit einem Messer in 1–2 cm große Würfel schneiden. Mit Kuvertüre überziehen.

Walnuß-Aprikosen-Taler

125 g getrocknete Aprikosen
3 EL Apricot Brandy
200 g Marzipan-Rohmasse
100 g Puderzucker
100 g Kuvertüre
100 g Walnußkernhälften

Aprikosen in sehr kleine Stücke schneiden, mit dem Brandy tränken und zugedeckt 2 Stunden ziehen lassen. Marzipan und den gesiebten Puderzucker hinzufügen, gut durchkneten, eine Rolle formen und etwa 1 cm dicke Taler schneiden. Mit sehr glatt gerührter Kuvertüre vorsichtig begießen, die unteren Ränder sollten frei bleiben. Auf den leicht angetrockneten Guß je eine Walnußhälfte setzen.

Erdbeer-Konfekt

500 g frischgepflückte Erdbeeren mit Stiel
100 g Zartbitterschokolade
etwas Kokosfett

Erdbeeren vorsichtig waschen und auf Küchenkrepp trocknen lassen. Dann auf einem Teller ausgebreitet in den Kühlschrank stellen und kalt werden lassen.
Die Schokolade mit einem Stück Kokosfett im Wasserbad zergehen lassen, geschmeidig rühren und die kalten Erdbeeren bis zu den Blattspitzen eintauchen. Einige Beeren nur zur Hälfte eintauchen, das gibt einen hübschen Farbkontrast auf dem Konfektteller.
Die Schokoladen-Erdbeeren erst nach dem völligen Erkalten auf dem Teller anordnen und sofort servieren oder kalt stellen.

Variante mit selbstgemachten kandierten Früchten
Unbehandelte Orangenschalen
Ingwerstückchen oder entsteinte Herzkirschen
Wasser
Fruchtzucker

Jede Fruchtart in wenig Wasser halbweich kochen und abseihen. Das Kochwasser jeweils auffangen und mit Fruchtzucker bei milder Hitze einen dicken Sirup kochen. Die Menge des Zuckers richtet sich nach der Menge der Flüssigkeit. Die Früchte wieder in ihren Sirup legen und einkochen lassen. Vorsichtig, Sirup darf nicht braun werden! Die Früchte aus dem Sirup nehmen und auf einem Gitter trocknen lassen.
Nach dem Erkalten wie bei Schokoladenerdbeeren verfahren.
Verwenden Sie zu Ihren selbstgemachten kandierten Früchten Fruchtzuckerkuvertüre, dann können Sie auch Ihre gesundheitsbewußten Gäste mit Süßigkeiten verführen.

Weinbrand-Kirschen im Biedermeier-Strauß

20 rote Herzkirschen mit Stiel
Wasser
2 EL Zucker
Weinbrand
100 g zartbittere oder weiße Schokolade
Zellophanpapier
Blumendraht
Trockenblumen
Papiermanschette
eine passende Schleife

Die Kirschen mit dem Stiel nach oben nebeneinander in einen Topf setzen, gerade soviel Wasser zugeben, daß zwar die Kirschen, nicht aber die Stiele bedeckt sind, und den Zucker darüberstreuen. Langsam kochen bis die Kirschen gerade so weich sind, daß sie noch ihre Form

Weinbrand-Kirschen und Marzipan-Herzen

behalten. Abkühlen lassen, evtl. überschüssigen Saft abgießen und soviel Weinbrand über die Kirschen gießen, daß sie knapp bedeckt sind. Topf verschließen und über Nacht stehen lassen.

Die Kirschen aus dem Weinbrand nehmen, auf Küchenkrepp abtropfen lassen.

Die Schokolade im Wasserbad zergehen lassen, geschmeidig rühren, vom Herd nehmen und die Kirschen nacheinander eintauchen. Jeweils kurz antrocknen lassen, dann noch einmal eintauchen, bis sich eine dicke Schokoladenhülle gebildet hat. Die Weinbrandkirschen auf Pergamentpapier oder Kuchengitter sehr gut auskühlen lassen, dann aus Zellophanpapier 20 Quadrate schneiden und die Kirschen so darin einwikkeln, daß Stiel und Zellophanpapier gut an einem Stück Blumendraht festgemacht werden können. Evtl. ein Klebeband zuhilfe nehmen. Nun binden Sie aus Trockenblumen und Kirschen einen Biedermeierstrauß mit Manschette und kleiner Schleife oder – für besonders festliche Anlässe – einen Seidenblumenstrauß mit einer großen Schleife.

Marzipan-Herzen

200 g Marzipanrohmasse
100 g gesiebten Puderzucker
50 g gemahlene Pistazienkerne
1 EL Kirsch- oder Marillenlikör
Puderzucker
150–200 g halbbittere Kuvertüre
ca. 50 Pistazienkerne

Alle Zutaten zu einem festen Teig verkneten, auf Puderzucker etwa 1 cm dick ausrollen und mit einer Plätzchenform Herzen ausstechen. Die Marzipanherzen in gesiebten Puderzucker tauchen, auf einem Teller ausbreiten, mit Alufolie abdecken und 1–2 Stunden kühl stellen. Die Kuvertüre schmelzen und glatt rühren, die Marzipanherzen mit einer dünnen Gabel eintauchen, abtropfen lassen und auf Pergamentpapier setzen. Anschließend mit Pistazienkernen verzieren.

Die berühmten Mozartkugeln

Mozartkugeln

250 g Marzipanrohmasse
250 g Nougat, 150 g Puderzucker
3 EL Rosenwasser
200 g zartbittere Kuvertüre

Aus der Nougatmasse 1½ cm große Kugeln formen.
Marzipan, Puderzucker und Rosenwasser zu einem geschmeidigen Teig verkneten und 2 mm dick ausrollen (das geht sehr gut zwischen Pergamentpapier). 5 cm große Quadrate

ausschneiden, jeweils eine Nougatkugel darauflegen und einrollen. Die Ränder gut schließen. Die Kuvertüre im Wasserbad zergehen lassen, die Kugeln auf Holzspießchen stecken und in die Kuvertüre tauchen. Leicht antrocknen lassen, dann auf einem feinmaschigen Gitter oder groben Küchensieb aufrauhen, damit die Kugeln eine Struktur bekommen.
Ergibt ca. 50 Stück.

Rumkugeln

50 g gewaschene und getrocknete Rosinen
3 EL 42%igen Rum
100 g Borkenschokolade
100 g Puderzucker, 50 g Kokosfett
100 g Schokoladenstreusel

Rosinen kleinhacken, mit dem Rum übergießen und zugedeckt ziehen lassen.
Schokolade fein reiben und mit Puderzucker vermischen. Das Kokosfett schmelzen und löffelweise in das Schokolade-Zucker-Gemisch einrühren. Wenn die Masse fest zu werden beginnt, die Rosinen mit dem Rum zufügen. 20 gleich große Kugeln formen und in den Schokoladenstreuseln wälzen.
Die Rumkugeln ungefähr 4 Stunden an einem kühlen Ort trocknen lassen, dann in helle Pralinenmanschetten legen, oder, wenn es das Klima erlaubt, die Kugeln in einer hübschen Schale auf den Kaffeetisch stellen.

Rumkugeln

Kirsch-Marzipan-Kugeln

24 Cocktail-Kirschen oder frische Kirschen entsteinen und einige Tage in Cognac mit Zucker einlegen
300 g Honig
400 g süße Mandeln
10 bittere Mandeln (oder 4 Tropfen Bittermandelöl)
2 EL weiche Butter
1 EL Kakaopulver
2 TL Cognac oder Rum
200 g Schokolade (auch Fruchtzuckerschokolade)
1 TL Kokosfett

Kirschen gut abtropfen, Honig flüssig aber nicht zu warm werden lassen.

Die Mandeln, auch die bitteren, brühen, abziehen und sehr fein mahlen. Soviel Honig zugeben, daß festes aber knetbares Marzipan entsteht.
Für die Trüffelmasse die Butter mit 1 großen EL Honig verrühren, bis eine glasige Masse entsteht. Das Kakaopulver und tropfenweise den Alkohol zugeben, die Masse sehr steif schlagen und kühlstellen.
Das Marzipan in 24 gleich große Stücke teilen und Kugeln daraus formen. Die Kugeln flach drücken (6–7 cm), jeweils in die Mitte ½ TL Trüffelmasse setzen, eine Kirsche hineindrücken, Marzipanränder über der Kirsche zusammenfügen und vorsichtig zur Kugel rollen.
Die Schokolade mit dem Kokosfett im Wasserbad schmelzen lassen und glattrühren. Die fertigen Kugeln in die Schokolade legen, mit einer feinen Gabel umdrehen und herausheben, dabei die überflüssige Schokolade am Topfrand abstreifen. Die Kugeln auf Pergamentpapier trocknen lassen.

Orangen-Schokoladen-Kugeln

Schokoladen-tütchen

400 g bittere Schokolade
Butterbrotpapier
1 Holzklötzchen (quadratisch, 2–3 cm Seitenlänge)

Die Schokolade im lauwarmen Wasserbad schmelzen, sie darf nicht zu dünn werden. Das Papier in 40 ca. 10 cm große Quadrate schneiden. Je ein Blatt Papier auf den Boden des Holzklötzchens legen, das Papier in gleichmäßigen Falten am Klötzchen hochziehen. Am überstehenden Papier festhalten und in die Schokolade tauchen. Herausziehen, erstarren lassen und dann auf einer Folie hart werden lassen. Das Papier vorsichtig drehend herausziehen und die Tütchen nach Belieben füllen. Zum Beispiel beim Kindergeburtstag mit bunten Zuckerblümchen oder für Erwachsene mit Eierlikör.

Orangen-Schokolade-Kugeln

⅛ l Sahne
300 g geraspelte Blockschokolade
2 cl Cointreau
abgeriebene Schale einer Orange
20 abgezogene Mandeln
60 g gehackte Mandeln
60 g gehackte Pistazien

Die Sahne in einem Topf unter Rühren aufkochen lassen, Schokoladenraspeln zugeben. Topf vom Feuer nehmen und rühren, bis die Schokolade aufgelöst ist. Die Masse 3 Stunden im Kühlschrank erkalten lassen, dann Cointreau und Orangenschale unterrühren.
In der Zwischenzeit die Mandelkerne im Backofen bei 220 °C ca. 3 Minuten rösten und abkühlen lassen.
Jeweils eine kalte Mandel mit der Schokoladencreme umhüllen, Kugeln formen und in den Mandeln bzw. Pistazien wälzen. Auf einem Teller auslegen und im Kühlschrank erstarren lassen.
Ergibt 20 Stück.

Chocolate Chip Cookies

200 g sehr weiche Butter
3 EL brauner Zucker
½ Vanilleschote (Mark)
200 g Vollkornmehl
⅓ Päckchen Backpulver
200 g Blockschokolade
200 g Mandeln

Butter, Zucker und Vanille schaumig schlagen, Mehl und Backpulver darunterrühren. Schokolade und Mandeln grob hacken und unter den Teig mischen. Walnußgroße Häufchen auf ein ungefettetes Blech setzen, etwas flachdrücken und bei 200 °C 10–12 Minuten backen. Sofort mit einem breiten Messer abheben und auf einem Kuchengitter auskühlen lassen. In luftdichter Dose aufbewahren, ergibt etwa 65 Stück.

Desserts

Blitz-Schokoladen-Mousse

½ l Milch
1 Päckchen Soft-Cremepulver mit Schokoladengeschmack
¼ l Sahne
100 g Schokoladenraspeln

Milch und Soft-Cremepulver nach Vorschrift auf der Packung verarbeiten.
Sahne steifschlagen, Schokoladenraspeln unterziehen, mit der Schokoladencreme vermischen. 15 Minuten kaltstellen.

Mousse au chocolat

3 Eier
1 Tafel Vollmilchschokolade
1 Tafel Zartbitterschokolade
4 EL Puderzucker
¼ l Sahne, geraspelte Schokolade

Die Eier trennen. Die Schokolade zerkleinern und im Wasserbad schmelzen lassen. Eigelb und 2 EL Puderzucker cremig schlagen und unter die Schokoladencreme ziehen. Eiweiß und 2 EL Puderzucker steifschlagen und ebenfalls unterziehen. Die Sahne steifschlagen, einen kleinen Teil zum Verzieren beiseite stellen, den Rest unter die Creme heben. Die Mousse au chocolat in eine Glasschüssel füllen, kalt stellen und erst kurz vor dem Servieren mit geschlagener Sahne und geraspelter Schokolade verzieren.

Dreifarbige Mousse au chocolat

3 × 40 g feinsten Zucker
6 Eier, 300 ml Sahne
3 Blatt weiße Gelatine
2 EL Kirschwasser
80 g weiße Schokolade

Mousse au chocolat in drei Farben

80 g Vollmilchschokolade
2 EL Orangenlikör
80 g Zartbitterschokolade
2 EL Weinbrand

Die Eier trennen. Eigelb mit 40 g Zukker sehr schaumig schlagen. Eiweiß halbsteif schlagen, 40 g Zucker zugeben und dann sehr steif schlagen, kaltstellen.
Sahne und 40 g Zucker ebenfalls sehr steif schlagen und kaltstellen.
Gelatine 10 Minuten in kaltem Wasser einweichen, leicht ausdrücken und im Kirschwasser unter Rühren bei kleiner Hitze auflösen.
Die weiße Schokolade im Wasserbad auflösen, abkühlen lassen und unter ständigem Rühren ⅓ des Eigelbs und die Gelatine zufügen, dann ⅓ des Eischnees und ⅓ der Schlagsahne unterheben. In eine hohe Glasschüssel oder in vier Gläser füllen und kaltstellen.
Die Vollmilchschokolade im Wasserbad auflösen, abkühlen lassen, ⅓ des Eigelbs mit dem Rührbesen unterrühren. ⅓ der Sahne, den Orangenlikör und ⅓ des Eischnees untermengen. Die Creme langsam auf die weiße Mousse gießen, kaltstellen.
Die zartbittere Schokolade ebenfalls im Wasserbad auflösen, den Rest Eigelb darunterrühren und den Weinbrand zugeben. Restliche Sahne und Eischnee untermengen, über einen Löffelrücken auf die braune Mousse gießen, kaltstellen.
Nach etwa 2 Stunden mit einem Tupfer Sahne und Schokoraspeln verzieren und servieren.

Mousse au chocolat in weißem Schokoladenschaum

3 Eigelb, 80 g Zucker
150 g Halbbitter-Kuvertüre
2 EL Kaffee
2 EL Cognac oder Vanilleextrakt
80 g weiche Butter
2 Eiweiß, eine Prise Salz
1 EL Zucker
1 Eigelb, 50 g Zucker
100 g weiße Schokolade
100 g Sahne
100 g geschlagene Sahne
1 Eiweiß
4 Schwartau Schokoladenschälchen
gehackte Pistazien

Eigelb und Zucker schaumig schlagen, Kuvertüre schmelzen lassen. Die Eigelbmasse unterrühren und bei geringer Hitze Kaffee, Cognac und Butter nach und nach hinzurühren.
Eiweiß zu steifem Schnee schlagen, dabei Salz und Zucker zufügen. Einen Teil unter die Schokoladenmasse rühren, den Rest vorsichtig unterziehen.
Die Mousse in einer Schüssel im Kühlschrank 2 Stunden durchkühlen lassen.
Für den weißen Schokoladenschaum das Eigelb mit dem Zucker

Mousse au chocolat in weißem Schokoladenschaum

dick cremig schlagen, die weiße Schokolade im Wasserbad zerschmelzen lassen, die Eimasse dazurühren und bei geringer Hitze nach und nach die Sahne unterrühren.

Eiweiß und Sahne getrennt steifschlagen, Schokoladenmasse leicht abkühlen lassen und abwechselnd Eischnee und geschlagene Sahne unterziehen.

Den weißen Schokoladenschaum in die Schokoladenschälchen verteilen, eine Portion Mousse au chocolat daraufsetzen und mit gehackten Pistazienkernen verzieren.

Creme in Schokoladenförmchen

3 Päckchen halbbittere Kuvertüre
3 Eigelb
80 g Zucker, 20 g Stärkemehl
¼ l Milch
Mark einer halben Vanillestange
3 Blatt Gelatine
1 EL Rum
¼ l Sahne
6 zarte Schokoladenplätzchen (fertig gekauft)
6 Maraschinokirschen

Bei diesem Nachtisch bleibt nichts übrig: selbst die Schälchen zergehen auf der Zunge

6 kleine Puddingförmchen mit der Öffnung nach unten auf Unterteller stellen. Die Kuvertüre nur soweit schmelzen, daß sie dickflüssig ist, dann gleichmäßig über die Förmchen verteilen. Leicht anziehen lassen und in den Kühlschrank stellen.
Nach dem völligen Erstarren die Förmchen umdrehen, die Schokoladenränder glattschneiden, die Förmchen vorsichtig aus der Schokoladenhülle ziehen und die Schokoladenformen sofort wieder in den Kühlschrank stellen.
Eigelb, Zucker, Stärkemehl, Milch und Vanillemark in einem Topf verquirlen, im Wasserbad die Masse schlagen, bis sie dick und sämig geworden ist. Topf aus dem Wasserbad nehmen, die aufgelöste Gelatine und den Rum in die Creme rühren, bis zum völligen Erkalten mehrmals kräftig durchschlagen. Die Sahne steifschlagen und unter die kalte Creme ziehen. In die Schokoladenschalen füllen und mit Plätzchen und Kirschen schmücken.

Schokolade in Armagnac-Pflaumen

250 g gut gereifte Pflaumen (Zwetschgen)
⅛ l Armagnac, ¼ l Sahne
1 Päckchen Vanillinzucker
4 EL geriebene Vollmilchschokolade
Schokoladenspäne

Pflaumen gründlich waschen, trocknen, entsteinen und pürieren. Armagnac darübergießen, so daß die ganze Oberfläche bedeckt ist. Zugedeckt über Nacht ziehen lassen.
Sahne mit Vanillinzucker steifschlagen, geriebene Schokolade untermischen und locker unter das Pflaumenpüree heben.
Als Berg auf einer Platte anrichten und mit Schokospänen garnieren.

Schokoladenschaum mit Sherry

2 Blatt weiße Gelatine
150 g Sahne-Mokka-Schokolade
3 EL Wasser
6 EL Cream Sherry
¼ l Sahne
2 Eiweiß
2 EL Aprikosenkonfitüre
4 EL Cream Sherry
Schokoladenblätter (fertig gekaufte Gebäckverzierung)

Gelatine in etwas kaltem Wasser einweichen. Wasser in einen kleinen Topf geben, die Schokolade darin unter Rühren schmelzen und erkalten lassen. Die Gelatine ausdrücken, im heißen Wasserbad gänzlich auflösen und mit dem Sherry verrühren. Die Sahne steifschlagen, Sherry-Gelatine dazugeben, kurz einrühren und die Schokolade untermischen. Eiweiß zu steifem Schnee schlagen und dar-

unterziehen. Den Sherry-Schaum in Gläser füllen und kühl stellen (nicht in den Kühlschrank).
Konfitüre und Sherry glatt verrühren und über den Schaum verteilen, darauf jeweils eine Blüte aus Schokoladenblättern stecken.

Schokoladencreme

3 Eier
8 Blatt weiße Gelatine
kaltes Wasser
60 g Zucker
½ l Milch
1 Prise Salz
100 g Vollmilchschokolade
4 cl Cognac oder Rum
⅛ l Sahne
⅛ l Sahne
1 Päckchen Vanillinzucker

Die Eier trennen. Gelatine in etwas kaltem Wasser einweichen. Eigelb und Zucker in einem Topf schaumig schlagen, Milch, Salz und 80 g zerkleinerte Schokolade (Rest für die Verzierung beiseite legen) zufügen und im Wasserbad cremig schlagen. Die Masse sollte fast steif werden, darf aber nicht kochen. Die Gelatine ausdrücken, in die heiße Creme rühren, bis sie ganz gelöst ist. Cognac oder Rum unterrühren. Topf aus dem Wasserbad nehmen, die Creme weiterschlagen, bis sie abgekühlt ist, dann 30 Minuten zugedeckt im Kühlschrank erkalten lassen.
Sahne und Eiweiß getrennt steifschlagen, zusammen auf die Creme geben und leicht unterziehen.
Die Creme auf 6 Glaskelche verteilen und zugedeckt im Kühlschrank bereitstellen. Vor dem Servieren Sahne mit Vanillinzucker steifschlagen, in den Spritzbeutel füllen und auf jede Portion ein Sahnehäubchen spritzen. Mit Schokoladenstückchen garnieren.

Bananen-Quark-Creme mit Schokolade

250 g Sahnequark
⅛ l Milch
1 EL Fruchtzucker
2 weiche Bananen
3 EL zartbittere Schokoladenstückchen
⅛ l Sahne
1 EL geriebene Vollmilchschokolade
dunkle Schokoladenraspeln
4 Bananenscheiben

Quark, Milch und Fruchtzucker mit dem Elektroquirl schaumig schlagen. Die Bananen mit einer Gabel fein zerdrücken und in den Quark schlagen. Schokoladenstückchen unterheben, die Creme in 4 Glasschälchen verteilen.
Die Sahne steifschlagen, Schokolade unterrühren und kleine Sahnehäubchen auf den Quark setzen. Mit den

Schokoladencreme

dunklen Schokoraspeln bestreuen und je eine Bananenscheibe in die Mitte setzen.

Schokoladenquark

250 g Quark
1 Becher Joghurt
5 EL geriebene Milchschokolade
1 Päckchen Vanillinzucker
1 EL Fruchtzucker
Eierlikör und dunkle geraspelte Schokolade

Von Quark und Joghurt die Flüssigkeit abgießen und beides in einer Schüssel mit dem Elektroquirl gut verschlagen.
Schokolade, Vanillinzucker und Zukker zugeben und eine geschmeidige Creme schlagen.
Die Creme in Schälchen füllen und je 1 EL Eierlikör darüberlaufen lassen. Mit den Schokoladenraspeln garnieren.

Quarkcreme mit Walderdbeeren

250 g Sahnequark
¼ l Milch
2 EL Zucker
150 g gut gereifte Walderdbeeren
½ Tafel Vollmilchschokolade in kleine Stückchen geschnitten
dunkle Schokoladenraspeln

Quark, Milch und Zucker schaumig schlagen, Walderdbeeren und Schokoladestückchen untermischen. 30 Minuten durchziehen lassen.
Auf kleine Teller häufeln und mit Schokoladenraspeln bestreuen.

Schoko-Sahne

½ l Sahne
100 g Schokolade je nach Geschmack (Vollmilch- oder Zartbitterschokolade, Fruchtzuckerschokolade) oder Nußnougat.

Sahne sehr steif schlagen, Schokolade schmelzen (nur lauwarm!) und langsam unter die Sahne heben.
Zu Vanille-Eis, Vanillepudding, auf Instantkaffee oder als kleinen Nachtisch servieren.

Mokkaschaum

3 Eier, 75 g Zucker
100 g Zartbitterschokolade
3 EL Instantkaffee
1 EL Eierlikör
¼ l Sahne
Borkenschokolade

Die Eier trennen, Eigelb und Zucker schaumig schlagen, die Schokolade schmelzen lassen und langsam zum Eigelb rühren. Kaffee und Eierlikör daruntermischen und die Creme abkühlen lassen. Sahne und Eiweiß getrennt steifschlagen und beides in die Creme rühren.
Den Mokkaschaum in Gläser füllen und kühl stellen. Vor dem Anrichten mit Borkenschokolade garnieren.

Schlesisches Himmelreich

1 Glas entsteinte, gesüßte Schattenmorellen
1 Päckchen Vanillinzucker
200 g Vollkornbrot
400 ml Kirschsaft
3 EL Kirschwasser
50 g geriebene Halbbitterschokolade
200 ml Sahne
50 g feinen Zucker
200 g Crème fraîche
Kirschen
geraspelte Schokolade

Schattenmorellen in einem Sieb abtropfen lassen, den Saft auffangen, die Früchte mit Vanillinzucker aromatisieren.
Das Vollkornbrot ziemlich fein zerbröseln, mit dem Kirschsaft begießen und ziehen lassen, bis der Saft vom Brot aufgesaugt ist. Die Brotmasse mit Kirschwasser und Schokolade vermengen. Die Sahne steifschlagen, dabei den Zucker einrieseln lassen, dann die Crème fraîche unterrühren.
In eine Glasschüssel abwechselnd eine Schicht Kirschen, Brotmischung und Sahne geben. Mit der Sahneschicht abschließen, in die Mitte drei Kirschen setzen und rundherum Schokoraspeln streuen.

Schokoladen-Flammeri

½ l Milch
4 EL Kakao
4 EL Stärkemehl
4 EL Zucker, 1 Prise Salz
1 Ei
Schokoladenspäne

Schlesisches Himmelreich

Kakao und Stärkemehl in etwas kalter Milch anrühren, die restliche Milch mit Zucker und Salz zum Kochen bringen, die angerührte Masse zugeben und unter Rühren 3 Minuten kochen. Vom Feuer nehmen, mit dem Eigelb legieren, das Eiweiß steifschlagen und unterziehen. Den Flammeri in eine gut gegkühlte, kalt ausgespülte Form füllen, nach dem Erkalten stürzen und mit Schokoladenspänen garnieren.

Schokoladen-pudding

10 EL Schokoladenpulver
½ l Milch
3 EL Butter
Mark einer halben Vanillestange
150 g Mehl, 6 EL Zucker
4 Eier

Schokoladenpulver mit etwas Milch anrühren, die restliche Milch mit Butter und Vanille zum Kochen bringen. Das Mehl in die Schokolade rühren, den Brei zur Milch geben und zu einem Kloß abrühren. Abkühlen lassen, nach und nach den Zucker und die Eigelb zugeben und 20 Minuten rühren. Den steifen Eischnee lose unterziehen. In eine gut gebutterte Puddingform füllen und verschlossen im Wasserbad 1 Stunde kochen. Stürzen und noch warm servieren.
Mit etwas geschlagener Sahne verzieren und Vanillesauce dazu reichen.

Schokoladen-Pie

100 g Mehl
100 g Mandeln
1 Prise Salz
150 g kalte Butter
1 Eigelb
eiskaltes Wasser
500 g trockene Erbsen zum Blindbacken
400 g halbbittere Schokolade
300 g Sahne
6 Eigelb

Mehl, Mandeln und Salz mischen, die kalte Butter in Flöckchen darauf verteilen und mit den Fingerspitzen rasch unterkneten. Das Eigelb mit 1 EL Eiswasser vermischt über den Teig geben und alles schnell verkneten.
Den Teig 30 Minuten im Kühlschrank ruhen lassen. Eine Springform einfetten, mit dem Teig auslegen, auch den Rand. Mit Alufolie belegen und die Erbsen einfüllen. Bei 175 °C 10 Minuten blindbacken, dann Erbsen und Folie entfernen und nochmal 5 Minuten backen.
Inzwischen die Schokolade langsam im Wasserbad schmelzen. Sahne und Eigelb dick schlagen, dann die geschmolzene Schokolade sorgfältig unterrühren und die Masse auf dem Pie-Boden verteilen. Im vorgeheizten Backofen bei 175 °C 45–50 Minuten backen. Die Oberfläche muß fest sein. Vor dem Anschneiden gut auskühlen lassen, evtl. mit geschlagener Sahne verzieren.

Schokoladen-Charlotte

6 Blatt weiße Gelatine
¼ l Milch, 3 Eigelb
75 g Zucker, 1 Prise Salz
60 g Schokolade
¼ l Sahne
1 Päckchen Vanillinzucker
3 EL heißes Wasser
2 cl Rum
100 g Löffelbiskuits
100 g geraspelte Schokolade
1 kleines Glas Maraschinokirschen
1 EL Mandelblättchen

Gelatine in etwas kaltem Wasser einweichen. Milch, Eigelb, Zucker und Salz im Wasserbad schlagen, geschmolzene Schokolade einrühren, das Ganze leicht erhitzen und so lange schlagen, bis die Masse steif zu werden beginnt (nicht kochen!). Topf aus dem Wasserbad nehmen. Die Gelatine ausdrücken und in die heiße Creme einrühren. Abkühlen lassen. Die Sahne steifschlagen und die Hälfte davon unter die kalte Creme ziehen. Die restliche Sahne in einen Spritzbeutel füllen und im Kühlschrank aufbewahren.
Eine Schüssel mit glattem Rand (so hoch wie die senkrecht aufgestellten Löffelbiskuits) kalt ausspülen, die Creme einfüllen und im Kühlschrank zugedeckt 4–6 Stunden stehen lassen, dann auf eine passende Platte stürzen. Den Vanillinzucker in heißem Wasser in einem hohen Glas

Charlotte mit Schokolade

Mohr im Hemd

auflösen, Rum dazugeben und die Löffelbiskuits kurz darin eintauchen. In den Schokoladenraspeln wenden und rundherum senkrecht an den Rand der Creme drücken. Zwischenräume für die Sahneverzierung lassen. Restliche Biskuits halbieren und sternförmig auf der Oberfläche anordnen. Mit dem Spritzbeutel die Zwischenräume verzieren, mit Maraschinokirschen garnieren und mit gerösteten Mandelblättchen die Sahne auf der Oberfläche bestreuen.

Mohr im Hemd

4 Eier
50 g Vollmilchschokolade
50 g Zartbitterschokolade
65 g Butter
75 g Zucker
1 Päckchen Vanillinzucker
100 g gemahlene Mandeln
1 Tropfen Bittermandelöl
¼ l Sahne
2 EL Puderzucker

Die Eier trennen. Beide Schokoladensorten fein reiben. Butter, Zucker und Vanillinzucker in einer Schüssel schaumig rühren und die Eigelb einzeln darunterrühren, bis eine cremige Masse entstanden ist. Mandeln, Bittermandelöl und geriebene Schokolade untermischen.
Eiweiß steifschlagen und unterheben.
Eine Puddingform einfetten, Creme einfüllen, Form verschließen und ins kalte Wasserbad stellen. Das Wasser zum Kochen bringen und bei mäßiger Hitze 60 Minuten leise kochen lassen.
Die Form aus dem Wasser nehmen, unter kaltem Wasser kurz abschrekken, Deckel vorsichtig öffnen, den Pudding ausdämpfen lassen und auf eine Platte stürzen.
Sahne mit Puderzucker steifschlagen und um den erkalteten Pudding herum häufeln.

Schokoladen-auflauf

4 Eier
45 g Zucker
90 g geraspelte Schokolade
2 EL Milch
3 EL gemahlene Mandeln
3 EL Apricot Brandy

Die Eier trennen. Eigelb und Zucker schaumig rühren. Schokolade in der Milch zum schmelzen bringen, Eigelbschaum, Mandeln und Brandy darunterrühren. Das Eiweiß steifschlagen und unterziehen.
Eine Auflaufform einfetten, die Masse einfüllen, das Backrohr auf 250 °C einstellen (nicht vorheizen!) und den Auflauf ca. 10 Minuten backen. Danach die Hitze auf 150–175 °C verringern und 5–10 Minuten weiterbacken, ohne den Backofen zu öffnen.

Schokoladen-soufflé

3 Eier
2 EL Butter
2 EL Mehl
200 ml Milch
1½ Riegel Bitterschokolade
60 g Zucker
2 EL heißes Wasser
½ TL Vanillinzucker

Die Eier trennen. Butter zergehen lassen, Mehl zugeben und nach und nach die Milch einrühren. Bis zum Siedepunkt kochen, vom Herd nehmen. Die Schokolade im Wasserbad schmelzen lassen, Zucker und Wasser einrühren, bis eine glatte Masse entsteht. Beide Mischungen in eine Schüssel geben, Eigelb schaumig schlagen und dazurühren. Eiweiß steifschlagen, unterziehen und den Vanillinzucker einstreuen. In eine mit Butter ausgestrichene Auflaufform füllen und bei mäßiger Hitze 25 Minuten backen. Sofort mit kühler Fruchtsauce servieren.

Brotpudding

3 Eier
250 g trockenes, geriebenes Vollkornbrot
⅛ l Milch
150 g Butter
100 g Zucker
1 TL Zimt
1 Prise gemahlene Nelken
abgeriebene Schale einer ungespritzten halben Zitrone
1 EL weißer Rum
80 g geriebene Schokolade

Die Eier trennen. Brotkrumen in der Milch einweichen. Butter, Zucker und Eigelb schaumig rühren, das eingeweichte Brot zugeben, Zimt, Nelken, Zitronenschale, Rum und Schokolade nach und nach darunterrühren. Das Eiweiß steifschlagen und unterheben. Eine Puddingform einfetten, die Masse einfüllen, die Form verschließen und im Wasserbad 40 Minuten kochen. Die Form aus dem Wasser nehmen, kurz in kaltem Wasser abschrecken und den Pudding auf eine Platte stürzen. Noch heiß mit kalter Vanillesauce servieren.

Schokoladen-Baiser-Auflauf

3 Eier
100 g Schokolade
90 g Zucker
1 Päckchen Vanillinzucker
Öl

Die Eier trennen. Schokolade im Wasserbad zergehen lassen, Zucker, Eigelb und Vanillinzucker schaumig

Brotpudding mit Vanillesauce

rühren, die Schokolade darunterrühren. Eiweiß steifschlagen und unterheben. Der Eischnee muß sichtbar bleiben.
Eine Auflaufform mit Öl auspinseln, die Masse einfüllen und bei sehr milder Hitze etwa 20 Minuten backen. Sofort servieren, damit der Auflauf nicht zusammenfällt.

Schoko-Müsli

250 g gemischte Vollkornflocken
50 g Haselnüsse
50 g geröstete gebrochene Sojabohnen
50 g Rosinen
2 EL Honig
½ Tafel Schokolade

Die Getreideflocken evtl. in der Küchenmaschine noch etwas zerkleinern. Die Nüsse mittelfein hacken und mit den Sojabohnen zu den Flokken geben. Den Honig leicht erwärmen, bis er dünnflüssig ist, und langsam in die Mischung einlaufen lassen, dabei mit einem Löffel dauernd umrühren. Zum Schluß mit den Händen die Masse zu Streuseln reiben. Rosinen waschen und trocknen, Schokolade grob hacken und beides unter die Streusel mischen. Mit Milch oder Joghurt servieren.

Gefrorenes mit Schokolade

Schokoladenparfait mit Aprikosen-Sahne

50 g Vollmilchschokolade
50 g Halbbitterschokolade
5 Eigelb
3 EL Marillengeist
¼ l Sahne
50 g gehackte Vollmilchschokolade
6 Aprikosenhälften aus der Dose
1 EL Marillenlikör
¼ l Sahne
1 Päckchen Vanillinzucker
Schokoladenspäne
Aprikosenspalten

Schokolade zerkleinern, schmelzen lassen und zusammen mit dem Eigelb cremig rühren, den Marillengeist darunterrühren. Die Sahne steif schlagen, mit der gehackten Schokolade vermengen und unter die Schokoladenmasse ziehen. In einem gut verschlossenen Behälter einfrieren. Die Aprikosenhälften pürieren, durch ein Sieb drücken und mit dem Marillenlikör verrühren. Sahne und Vanillinzucker cremig schlagen, das Aprikosenmark unterziehen und auf sechs Teller verteilen. Vom Schokoladenparfait Kugeln abstechen und auf die Sahne setzen. Mit Schokoladenspänen und Aprikosenspalten verzieren.

Eisbombe

¼ l Milch
4 Eigelb, 100 g Zucker
50 g geriebene Schokolade
75 g Haselnußkerne
50 g Mandelmakronen
⅜ l Sahne
⅛ l Sahne
Pralinen und kleine Makronen zum Verzieren

Milch, Eigelb und Zucker im Wasserbad erhitzen und ständig schlagen, bis die Masse cremig ist. Die geriebene Schokolade einrühren. Nicht

Eisbombe mit Pralinen und Makronen dekoriert

kochen! Unter öfterem Umrühren erkalten lassen.
Die Haselnußkerne in einer Pfanne rösten, die braune Schale mit einem Tuch abreiben und die Nüsse fein mahlen. Die Mandelmakronen zerbröckeln und mit den Nüssen unter die kalte Creme rühren, die steifgeschlagene Sahne unterziehen. Die Masse in eine Eisbombenform füllen und ca. 4 Stunden gefrieren lassen. Vor dem Servieren die Sahne steif schlagen, die Eisbombenform kurz in warmes Wasser halten, und die Eisbombe auf einen gut gekühlten Teller stürzen. Mit Hilfe eines Spritzbeutels rund um die Bombe und oben drauf eine Verzierung spritzen. Mit Pralinen Ihrer Wahl und kleinen Makronen verzieren.

Schokoladen-Mandel-Eis

100 g abgezogene Mandeln
2 Eier
2 Eigelb
180 g Zucker

100 g Schokolade
1 EL Kakao
½ l Milch
½ l Sahne

Die Mandeln rösten und mahlen. Eier, Eigelb und Zucker schaumig schlagen. Schokolade zerkleinern, mit dem Kakao mischen, mit etwas kalter Milch verrühren. Die restliche Milch zum Kochen bringen, Schokolade einrühren, vom Feuer nehmen und sehr langsam in die Eimasse einrühren. Die Mandeln zugeben und das Ganze im Wasserbad unter ständigem Rühren zu einer dicken Creme kochen. Erkalten lassen, dabei öfters rühren und nach dem völligen Erkalten die geschlagene Sahne unterziehen.
Die Creme in Förmchen füllen und gut zugedeckt einfrieren.

Schokoladeneis

Schokoladeneis

2 EL Stärkemehl
½ l Milch
5 EL geriebene Schokolade
2 Eier
2 Eigelb
180 g Zucker
⅛ l Sahne

Das Stärkemehl mit etwas kalter Milch anrühren, die restliche Milch zum Kochen bringen, das angerührte Stärkemehl und die geriebene Schokolade zugeben und ca. 3 Minuten kochen lassen. Eier, Eigelb und Zukker schaumig schlagen, in die noch heiße Creme einrühren. Die Masse im Wasserbad bei milder Hitze dickschlagen, herausnehmen und während des Abkühlens kräftig schlagen. In kleine Formen füllen und gut verschlossen gefrieren lassen.

Gefrorenes Schokoladensoufflé

250 g Crème fraîche
150 g bittere Schokolade
1 EL Rum, Weinbrand oder Cointreau, 2 Eier

Die Crème fraîche in einer Kasserolle aufkochen lassen, ca. 1 Minute kochen, dabei mit dem Schneebesen schlagen.
Vom Feuer nehmen, die Schokolade zerbröckeln und nach und nach in die heiße Crème rühren, bis die Masse glatt ist. Zudecken und über Nacht (mind. 12 Stunden) im Kühlschrank ruhen lassen.
Alkohol zugeben, die Eier trennen und Alkohol und Eigelb gut mit der Schokoladenmasse verrühren. Eiweiß zu sehr steifem Schnee schlagen und vorsichtig unterziehen.
Eine Soufflé-Form mit Alu- oder Backfolie auslegen, so daß die Folie 10 cm über den Formrand hinausragt. Die Soufflé-Masse einfüllen, Folie mit Büroklammern oder Faden verschließen und das Soufflé gut 2 Stunden im Gefrierschrank anfrieren lassen.
Die Folie vorsichtig und schnell ablösen und das Soufflé sofort servieren.

Eis Surprise

3 Eier
3 EL heißes Wasser
90 g Zucker
1 Päckchen Vanillinzucker
90 g Mehl
2 EL Zucker
2 Eiweiß
75 g Zucker
1 Päckchen Vanillinzucker
1 Eigelb

Eis Surprise

500 ml Schokoladeneis (eine rechteckige Packung, fertig gekauft, oder Rezept S. 80)
2 EL Mandelblättchen

Die Eier trennen. Eigelb, Wasser, Zucker und Vanillinzucker schaumig schlagen und das steifgeschlagene Eiweiß unterziehen. Das Mehl darübersieben, leicht einarbeiten, ein Backblech mit Backpapier auslegen und eine gleichmäßige Biskuitplatte backen (220 °C, 12 Minuten).
Den Zucker auf ein Küchentuch streuen, die Teigplatte daraufstürzen und die Folie vorsichtig abziehen.Die Teigplatte mit Hilfe des Tuches der

Schokoladen-Ananas-Eisbecher

Länge nach aufrollen und auskühlen lassen.
Eiweiß, Zucker und Vanillinzucker steifschlagen, das Eigelb unterziehen. Den Grill auf höchster Stufe vorheizen.

Die Biskuitrolle vorsichtig auseinanderrollen, den tiefgefrorenen Schokoladeneisblock auf die Kuchenmitte legen und die Biskuitränder über dem Eis zusammenklappen. Das Päckchen auf ein gefettetes

Blech legen, dick mit Eischnee bestreichen, mit den Mandelblättchen bestreuen und im Grill überbacken, bis der Eischnee leicht gebräunt ist.

Schokoladen-Ananas-Eisbecher

1 kleine Dose Ananasstücke
4 Gläschen weißer Rum
50 g Mandelstifte
¼ l Sahne, 20 g Butter
300 g Schokoladeneis

Die Ananas abtropfen lassen und zu große Stücke mundgerecht schneiden. Mit Rum übergießen und 30 Minuten ziehen lassen.
Die Mandelstifte in der heißen Butter goldgelb rösten.
Ananasstücke noch einmal abtropfen lassen (Flüssigkeit auffangen). Schokoladeneis würfeln und abwechselnd mit den Ananasstücken auf drei bis vier breite Eisbecher verteilen, den Rum-Ananas-Saft darübergießen. Die Sahne steifschlagen und auf die Portionen häufeln. Mit den gerösteten Mandelstiften bestreuen.

Marmor-Schokoladenparfait

2 EL Milch
200 g Zartbitterschokolade
1 EL Milch
100 g weiße Schokolade
3 Eigelb
3 EL Zucker
1⅛ Sahne
1–2 EL Cointreau

In einem kleinen Topf die dunkle Schokolade in 2 EL Milch, in einem zweiten Topf die helle Schokolade in 1 EL Milch bei geringer Hitze schmelzen und leicht abkühlen lassen.
Eigelb und Zucker schaumig rühren und ⅔ davon unter die dunkle, den Rest unter die helle Schokolade mischen.
Die Sahne steifschlagen und ⅔ davon in die dunkle, ⅓ in die helle Masse rühren.
Beides ins Gefrierfach stellen und 30 Minuten anfrieren lassen.
Dann in die dunkle Creme den Cointreau einrühren, die helle Creme ebenfalls noch einmal aufschlagen und wie bei einem Marmorkuchen vorsichtig beide wechselweise in eine Form füllen und einfrieren.

Schokoladensaucen

Wiener Schokoladensauce

200 g Sahne-Mokka-Schokolade
150 g Zucker
⅛ l Wasser
3 EL Sahne

Schokolade in kleine Stücke brechen, mit dem Zucker im Wasser zum Kochen bringen, einige Minuten unter Rühren kochen lassen, bis sich der Zucker aufgelöst hat. Sahne einrühren und bei geringer Hitze cremig schlagen. Die Sauce heiß servieren.

Französische Schokoladensauce

150 g Halbbitter-Kuvertüre
4 EL Wasser
⅛ l Sahne
1 EL Nußlikör oder Kirschwasser

Kuvertüre zerkleinern, mit dem Wasser in einen Topf geben und im Wasserbad schmelzen lassen. Die Sahne steifschlagen und unter die Kuvertüre heben. Noch einmal gut erhitzen, aber nicht kochen. Nach dem Erkalten Nußlikör oder Kirschwasser einrühren.

Schokoladencreme-Sauce

¼ l Milch, 1 Päckchen Schokoladensaucenpulver
50 g Edelbitter-Schokolade
6 EL Sahne
Weinbrand o. ä.

Schokoladensauce nach Vorschrift auf dem Päckchen zubereiten. Die Schokolade zerkleinern, im Wasserbad schmelzen lassen und unter die Sauce schlagen. Die Sahne ebenfalls kurz mitschlagen und mit Weinbrand oder Alkohol nach Ihrem Geschmack verfeinern.

Schokoladensauce mit Honig

1 EL weiche Butter
2 EL Kakao
1 Messersp. Vanillemark
2 EL weichen Honig
2 EL Sahne

Die Butter zergehen lassen, Kakao und Vanillemark zugeben und eine glatte Masse rühren.
Honig und Sahne nach und nach darunterrühren. Die Sauce heiß servieren.
Soll die Sauce kalt verwendet werden, mehr Sahne unterrühren, damit die Sauce flüssig bleibt. Nach Belieben mit etwas Honig nachsüßen.

Schokoladen-Sahne-Sauce

100 g bittere Schokolade, ¼ l Sahne
Zucker und Rum

Die Schokolade im Wasserbad geschmeidig rühren und abkühlen lassen.
Die Sahne dickflüssig schlagen und in die Schokolade einrühren. Die Sauce nach Belieben mit Zucker und Rum abschmecken.

Glasuren

Schokoladenglasur

3 EL Schokoladenpulver
1 EL Kakaopulver
175 g Puderzucker
2 EL heißes Wasser
30 g flüssiges Kokosfett
1 EL Arrak (kann auch weggelassen werden, dann etwas mehr Wasser)

Schokoladen- und Kakaopulver vermischen, den Puderzucker darübersieben. Mit heißem Wasser eine geschmeidige Masse rühren. Arrak o. ä. zugeben und die Glasur mit dem Kokosfett gut verschlagen.

Mit den richtigen Geräten ist jede Glasur ganz leicht zuzubereiten

Gute Schokoladenglasur sollte immer glänzen

Schokoladenglasur aus Kuvertüre

1 Packung Schokoladenkuvertüre
1 Würfel Kokosfett

Kuvertüre im Wasserbad schmelzen, Kokosfett zugeben, einschmelzen lassen und rühren, bis die Masse dickflüssig ist. Lauwarm verwenden.

Schokoladenglasur mit Honig

2 gestr. EL Butter
4 EL Kakao
4 EL Honig

Butter bei milder Hitze zergehen lassen, Kakao darin glatt verrühren, Honig zugeben und kräftig schlagen.

Schokoladen-Rum-Glasur

3 EL geraspelte Schokolade
3 EL Wasser
125 g Puderzucker
1 EL Rum

Schokolade und Wasser im Wasserbad zum Kochen bringen, vom Herd nehmen und den Puderzucker einrühren. Die Glasur noch einmal erwärmen, bis der Puderzucker gelöst ist. Mit Rum verfeinern.

Getränke

Kalte Schokolade mit Rum

0,2 l Milch
2 EL Schokoladenpulver
4 cl hochprozentigen Rum (2 cl weißen und 2 cl braunen)
Eiswürfel

Etwas Milch und das Schokoladenpulver verrühren.
Den Rest der Milch erhitzen und das aufgelöste Schokoladenpulver einlaufen lassen, gut verrühren, aber nicht kochen.
Gut abkühlen lassen, den Rum unterrühren, in Gläser verteilen und mit Eiswürfeln servieren.

Schokoladenkaffee

¼ l heißen Filterkaffee
80 g bittere Schokolade
¼ l Milch
1 kleine Prise Salz
1½ EL Sherry
⅛ l Sahne
Kakaopulver zum Bestäuben

Den Kaffee heiß halten, Schokolade in Stücke brechen, langsam in der leicht gesalzenen Milch auflösen und erhitzen. Beide Getränke heiß vermischen, den Sherry unterrühren und den Schokoladenkaffee in heiße Tassen füllen. Sahnehäubchen daraufsetzen und mit Kakao bestäuben.

Trinkschokolade

1 l Milch
1 Prise Salz
125 g geraspelte Schokolade
Zucker und geschlagene Sahne

Milch mit Salz zum Kochen bringen, die Schokolade einrühren und unter ständigem Schlagen mit dem Schneebesen einmal aufkochen lassen.

Der berühmte italienische Capuccino

Zucker und Sahne getrennt servieren.
An heißen Sommertagen schmeckt eisgekühlte Trinkschokolade besonders gut: Die Schokolade in Eiskelche füllen, eine Kugel Vanille-Eis und – nach Belieben – einige Eiswürfel zugeben und mit Strohhalm servieren.

Capuccino

Starken, heißen Filterkaffee (Menge je nach Bedarf)
1 Prise Zimt (man rechnet auf 1 l Kaffee ca. ¼ TL Zimt)
steif geschlagene Sahne und geraspelte bittere Schokolade

In den sehr heißen Kaffee den Zimt einrühren, den Kaffee in Tassen füllen, mit einem Häubchen geschlagener Sahne bedecken und dick mit geraspelter Schokolade bestreuen. Sofort servieren und für süße Leute Zucker bereitstellen.

Russische Schokolade

Heiße Trinkschokolade (siehe Seite 89)
Wodka und Sahne

In die heiße Schokolade 4 cl Wodka einrühren, in Gläser verteilen und mit Sahnehauben bedecken.

Schokolade Montezuma

4 EL Sahne
100 g Vollmilchschokolade
2 EL Kakao
1 Päckchen Vanillinzucker
O1 geh. TL Zimt
½ l Milch
2 Eigelb
1 geh. EL Zucker
4 cl Weinbrand

Sahne in einen Milchtopf geben, Schokolade zerbröseln und mit Kakao, Vanillinzucker und Zimt in der Sahne verrühren und langsam erhitzen, bis die Schokolade aufgelöst ist.
Dann die Milch langsam unter Rühren dazuschütten, ständig weiterrühren, bis die Milch erhitzt ist (nicht kochen!). Die Schokolade vom Feuer nehmen, Eigelb und Zucker in einer Tasse schaumig rühren und zusammen mit dem Weinbrand in die Schokolade schlagen.
In hübsche, kleine Tassen füllen und sofort servieren.

Schokoladen-Shake

2 Rippen bittere Schokolade
4 EL fertige Schokoladensauce
300 g Schokoladeneis
1 EL Ovomaltine
1 Tasse Milch

Schokolade Montezuma

Schokolade schmelzen, mit der Schokoladensauce gut verrühren und abkühlen lassen, in den Mixer füllen und mit allen Zutaten cremig schlagen.
In großen eisgekühlten Cognacschwenkern mit dicken bunten Strohhalmen servieren.

Chocolate Ice Cream Soda

2 Rippen bittere Schokolade
½ Tasse fertige Schokoladensauce
1 Ei
2 EL Schokoladeneis
½ Tasse Sahne
½ Tasse Milch
eisgekühltes Soda- bzw. Mineralwasser
4 EL Vanilleeis

Schokoladenmilch mit Cognac

Schokolade im Wasserbad schmelzen, mit der Schokoladensauce vermischen und abkühlen lassen. Ei, Schokoladeneis, Sahne und Milch im Mixer ca. 1 Minute mixen. Schokolade-Saucen-Gemisch zugeben und noch einmal kurz mixen. Auf 2 große eisgekühlte Gläser verteilen, bis zu ⅔ mit Sodawasser auffüllen, umrühren, je 2 EL Vanilleeis daraufgeben und mit Strohhalm servieren.

Schokoladenmilch

⅛ l Milch
2 Kugeln Schokoladeneis
1 Glas Cognac
geschlagene Sahne und Kakaopulver

Milch, Eis und Cognac im Mixer gut schlagen, in ein hohes Glas füllen und Sahnehäubchen daraufsetzen. Mit Kakaopulver bestäuben, mit Strohhalm servieren.

Register

Der farbige Ratgeber

Der farbige Ratgeber
Das Auflaufbuch
10272

Der farbige Ratgeber
Das Kartoffelbuch
10268

Der farbige Ratgeber
Das Schokoladenbuch
10283

Der farbige Ratgeber
Cocktails und Drinks
10273

Der farbige Ratgeber
Marmeladen, Konfitüren,
Gelees 10269

Der farbige Ratgeber
Das Honigbuch
10279

GOLDMANN

Der farbige Ratgeber

Der farbige Ratgeber
Der kleine Garten
10277

Der farbige Ratgeber
Der Naturgarten
10275

Der farbige Ratgeber
Der Steingarten
10276

Der farbige Ratgeber
Der Wintergarten
10278

Der farbige Ratgeber
Mein Rosengarten
10282

Der farbige Ratgeber
Wasser im Garten
10265

GOLDMANN